Bernard Raquin

Sortir du triangle dramatique

Ni Persécuteur ni Victime ni Sauveteur

jouvence
EDITIONS

Du même auteur

Se réconcilier avec soi et avec les autres, Jouvence
Choisir ses émotions, Jouvence
L'Analyse Transactionnelle au quotidien, Jouvence
La PNL au quotidien, Jouvence
Les styles de personnalité, Jouvence
Maîtrisez vos scénarios de croyances, Jouvence
Ne plus se laisser manipuler, Jouvence
Pratique de l'auto-hypnose, Jouvence
Rire pour vivre, les bienfaits de l'humour, Dangles
Le jeu des vies antérieures, avec Marc Kucharz, Exergue
Retrouvez vous-même vos vies antérieures, Trajectoire
Messages de l'après-vie, JMG
Vous pouvez sortir de votre corps, Presses du Châtelet
Comment sortir de son corps, Presse Pocket
Rendez-vous avec l'intuition, Trédaniel
Continent chagrin (roman), Albin Michel (épuisé)
Jésus de Manhattan (roman), La Table Ronde (épuisé)
La vie est ici (roman), Mots d'Homme

Pour contacter l'auteur, visitez le site
www.bernard-raquin.com

Catalogue gratuit sur simple demande
Éditions jouvence
FRANCE : BP90107 – 74161 SAINT-JULIEN-EN-GENEVOIS CEDEX
SUISSE : CP 184 – 1233 GENÈVE-BERNEX
SITE INTERNET : **www.editions-jouvence.com**
E-MAIL : info@editions-jouvence.com

ISBN 978-2-88353-537-4

Dessin de couverture: Jean Augagneur
Mise en pages : atelier weidmann, Versoix (Suisse)

Sommaire

Qu'appelle-t-on triangle dramatique? 5
Profil du Persécuteur 11
Profil de la Victime 13
Profil du Sauveteur 16
Usage de leurres 19
Triangle dramatique et styles de personnalité .. 21
Mise en place du rôle principal
dans les relations 24
Le triangle dramatique en pensées 30
Commérages et jeu du triangle 32
Comment faire la différence? 37
Changement instantané de rôle 40
Comment nous incitons autrui
à adopter l'un des trois rôles 43
Exemple de jeu du triangle dramatique
en couple 50
Exemple de jeu du triangle dramatique
au travail 55

Les comportements prisonniers
du triangle dramatique 57

Comment éviter d'entrer
dans le triangle dramatique ? 72

Conseils spécifiques
pour quitter votre rôle favori 80

Comment sortir du triangle dramatique 84

Du triangle dramatique
à la Porte d'harmonie 87

Conclusion 89

Bibliographie 92

Du même auteur 93

Qu'appelle-t-on « triangle dramatique » ?

Le triangle dramatique est un jeu psychologique[1], c'est-à-dire un scénario pratiqué inconsciemment, et qui peut se répéter tout au long de notre vie.

Le jeu est un système récurent de transactions souvent répétitives, superficiellement plausibles, à motivation cachée, ou en langage plus familier, une série de «coups» présentant un piège ou un «truc». (ÉRIC BERNE)

Transactions : protocoles de communication avec autrui, selon la définition de l'Analyse Transactionnelle : on échange en position de Parent, d'Adulte ou d'Enfant. Beaucoup de ces transactions sont programmées en fonction de nos croyances et de notre style de personnalité.

Superficiellement plausibles : en apparence, les transactions sont fondées sur la réalité. Les deux joueurs acceptent de participer à un jeu dont ils connaissent les règles.

---

[1] Concept issu de l'Analyse Transactionnelle. Voir *L'Analyse Transactionnelle au quotidien*, Bernard Raquin, Éditions Jouvence, 2004.

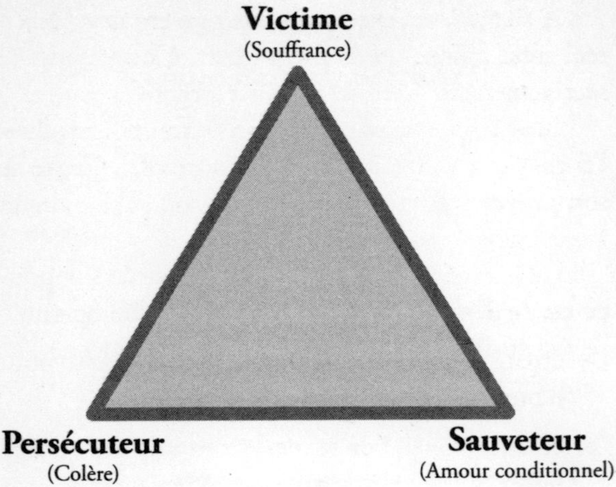

La Victime se trouve au sommet du triangle,
car elle peut s'associer
à un Sauveteur ou à un Persécuteur.

De leur côté,
le Sauveteur et le Persécuteur
ne font pas bon ménage ;
l'un des deux partenaires
incitera l'autre à changer de rôle,
en devenant Persécuteur ou Victime,
pour que le jeu continue.

À motivation cachée : tous deux savent que l'enjeu réel n'est pas ce qu'ils prétendent. Chacun espère secrètement en tirer un bénéfice négatif.

Série de coups et piège : chacun s'efforce d'entraîner l'autre sur son terrain, pour démontrer la véracité de son propre scénario, aux yeux de son partenaire et à ses propres yeux.

Ce jeu ne nous offre le choix qu'entre trois positions, également inconfortables et invalidantes :

- ▷ être un *Persécuteur*, en faisant souffrir autrui pour tenter de juguler sa propre inquiétude ;
- ▷ être une *Victime*, en se sentant impuissant et irresponsable, et en espérant que quelqu'un soulagera son malaise intérieur ;
- ▷ être un *Sauveteur*, en volant au secours d'autrui pour qu'il se sente bien, afin d'éviter un malaise intérieur.

Il s'agit d'un véritable système de comportements, si codifié et habituel qu'il semble naturel. Dès qu'un ou plusieurs partenaires ont opté pour l'un des rôles, les réactions se déclenchent automatiquement. Les protagonistes se manipulent eux-mêmes et manipulent l'autre, par une suite de jeux de dupes. Ils plongent alors dans la confusion, le sentiment de perdre son temps, et pour finir le trouble émotionnel. Voici quelques exemples de jeux psychologiques :

À qui perd gagne… Attrape-moi si tu peux… Je te supplie de me pardonner… Si tu continues je pleure… Un miracle va se produire… Je suis le meilleur… Si tu continues je crie… Tu m'en demandes tellement qu'on dirait que tu souhaites ma mort… Moi je suis gentil et toi méchant… Moi je suis méchant et toi gentil… Les autres sont méchants avec moi… Je vais t'apprendre à vivre… C'est moi qui fais tout le travail… Séduis-moi, mais si tu t'approches je protesterai… Pauvre de moi !… À cause de toi ma vie est gâchée… Si seulement je pouvais… Si seulement les autres acceptaient… Puisque c'est comme ça, débrouille-toi… Je ne me sens bien qu'en faisant du bien… Je mérite une punition… Aide-moi à résoudre mes problèmes… J'essaie simplement de t'aider… Laisse-moi faire… Les gens devraient… Regarde ce que tu m'as fait faire… Sans toi les choses iraient mieux… Ce que j'ai est mieux que ce que tu as… Battez-vous entre vous… Je te tiens enfin… Tu n'as qu'à deviner ce que je ressens ou ce que je veux te dire… Oui mais…

Vous serez à même de reconnaître ces différents jeux à la fin de votre lecture, et leur rapport avec les trois rôles.

Ce type de scénario a été détecté par Stephen Karpman, en relation avec ce qu'Éric Berne appelait « les quatre mythes » :

1. J'ai le pouvoir de rendre les autres heureux. (*Sauveteur en recherche d'une Victime*).

2. Les autres ont le pouvoir de me rendre heureux. (*Victime en attente d'un Sauveteur*).

3. J'ai le pouvoir de rendre les autres malheureux. (*Persécuteur en recherche d'une Victime*).

4. Les autres ont le pouvoir de me rendre malheureux. (*Victime en attente d'un Persécuteur*).

Aucun rôle n'est meilleur que l'autre ni plus efficace sur le plan relationnel. Ils sont coûteux en termes de souffrances et de conflits. Nous pouvons les jouer tous les trois simultanément : par exemple, Sauveteur sur le plan sentimental, Persécuteur dans le domaine professionnel, Victime dans les relations sociales. Lorsque nous sommes blessés *(Victimes)*, nous préparons une facture (sous forme de réflexions venimeuses, de griefs, de sabotage de la relation – *Persécuteur*) que nous présenterons à l'autre *(Victime)* lorsqu'il s'y attendra le moins ; ensuite nous chercherons quelqu'un qui partagera notre épreuve et notre indignation *(un Sauveteur)*.

Si notre interlocuteur endosse l'un de ces rôles, il peut déclencher en nous le désir de jouer. Ensuite nous naviguons entre ces trois positions, sans plus voir la porte de sortie. Nous recherchons apparemment des satisfactions positives : reconnaissance, estime de soi, amour ; mais en réalité elles sont négatives, comme la disqualification et le rejet d'autrui et le maintien d'une image de soi partiale, confondue avec l'identité : J'ai un sale caractère, je suis trop gentil, je suis faible.

Depuis plusieurs millénaires, nous sommes plongés dans une culture, où globalement, en arrière-plan, les hommes se méfient des femmes, volontiers considérées comme traîtresses et fausses ; où les femmes se méfient des hommes, volontiers considérés comme menteurs et inconstants. Ainsi la perception est que les hommes sont davantage Persécuteurs, et les femmes davantage Victimes. Ce n'est qu'une illusion : hommes et femmes peuvent être également prisonniers de ce triangle. Simplement, l'apparence sera différente, la femme prenant plus souvent la position de Victime et de Sauveteuse, l'homme plus souvent la position de Persécuteur et de Sauveteur, pour un résultat identique.

Les relations humaines saines sont fondées sur l'échange. Si l'un des deux partenaires domine d'une manière ou d'une autre, tôt ou tard l'autre partira ou cherchera à se venger, d'où rupture ou conflit. Lorsque nous entretenons des relations déséquilibrées (que nous soyons Victime d'un Persécuteur, Persécuteur d'une Victime, Sauveteur d'une Victime, ou Persécuteur en guerre contre un autre Persécuteur) c'est que nous y « trouvons notre compte » inconsciemment, même si consciemment nous déplorons la situation. Ces trois rôles expriment une volonté de dominer l'autre, ou au moins de contenir la peur, puisque ce triangle dramatique est basé sur les rapports de force.

Le *Persécuteur* tente de s'imposer ouvertement : « Je dois leur dire comment il faut être et agir. »

La *Victime* cherche à dominer en apitoyant autrui : « Je suis faible, on doit m'aider. »

Le *Sauveteur* cherche à dominer en se rendant indispensable : « Les autres sont faibles, je dois les aider. »

▽

Profil du Persécuteur

Le Persécuteur est souvent dans le jugement, et plus précisément la condamnation, même s'il se prétend réaliste et objectif. Il croit détenir la vérité, mais la plupart du temps celle-ci est teintée de colère. Il tient le discours de l'injustice et de la réparation, et aimerait n'appliquer que les lois qu'il juge bonnes (tyran). Il oblige l'autre à la perfection, selon sa propre définition, bien sûr, le plaçant ainsi dans une situation impossible.

– Julien, 15 ans, à son beau-père : tu n'as pas à me donner d'ordres, tu n'es pas mon père !

– Le beau-père : Dieu merci !

Lorsqu'il se sent menacé, le Persécuteur s'évertue à inquiéter l'autre pour provoquer le malaise. Il manie le mépris, la rivalité, et joue souvent au jeu psychologique du « tribunal », étant à la fois juge et procureur. Il supporte bien le conflit, voire le recherche, et ne craint pas d'y entraîner autrui. Il tente de transformer ses partenaires en Persécuteurs pour déclencher la bagarre, ou en Victimes pour les faire souffrir. Il déteste en revanche qu'on cherche à le sauver, même si, par tactique, il prétend parfois le contraire.

Le délinquant se présente souvent comme une Victime pour dévaloriser les autres et abuser d'eux. On l'excusera en parlant de milieu défavorisé et de pesanteur sociologique, on cherchera à expliquer son geste, sans voir que la plupart des personnes nées dans la même situation seront honnêtes, par choix.

Le profiteur ou l'assisté se présente également comme une Victime; comme il ne donne rien en échange de ce qu'il reçoit, il développe vite une mauvaise image de soi, et en veut automatiquement à son bienfaiteur. En le dispensant de se libérer de sa dette, on l'affaiblit et il s'aigrit. Croyant qu'on lui doit quelque chose, il passe ainsi en position de Persécuteur.

L'escroc, autre type de Persécuteur, se présente sous l'aspect de la Victime ou du Sauveteur. Il se croit au-dessus des lois, et ment avec le plaisir secret d'être le plus malin. Dans un premier temps, il obtient davantage de succès qu'en étant authentique; puis il passe sa vie à tenter d'éviter les factures qui se présentent, avant d'atteindre son gros lot négatif, la fuite, la prison ou le suicide. Ses besoins psychologiques: s'affirmer coûte que coûte, se faire reconnaître par son entourage pour son bon jugement ou son intelligence; avoir raison; établir des rapports de force pour tester autrui. Satisfactions négatives: dévaloriser autrui, exclure les autres, se faire mettre à l'écart à force de pressions; maintenir la peur que les autres ne s'aperçoivent de son inquiétude sur sa valeur; peur d'être entièrement dominé sans pouvoir dominer quiconque; plaisir pénible de triompher en se faisant rejeter à cause de son intransigeance.

Profil de la Victime

La Victime est souvent dans la souffrance, réelle ou imaginaire, avec un résultat similaire. Elle s'efforce de maintenir son malaise et d'y entraîner les autres, en puisant dans sa vie les justifications nécessaires. Elle se sent souvent dominée, car elle craint d'affronter le conflit, et a du mal à dire non. Elle pense que les autres en savent plus long qu'elle, et ne se sent jamais vraiment appréciée. Elle vit ainsi dans une pénurie d'affection. Ne se sentant pas digne d'être aimée, elle refuse les marques d'attention d'un homme ou d'une femme intègre, et peut se laisser embobiner par un menteur/une menteuse. Jouant l'oie blanche, elle aime se faire manipuler par un renard, feignant d'y croire, avant de devenir renard à son tour *(P)* ou d'être trahie *(V)*. Elle tire aussi d'énormes avantages de sa position : la plainte incite à la plainte, et certaines victimes « professionnelles » sont passées maîtresses dans l'art de manipuler autrui en lui reprochant son manque de cœur. La Victime extrême peut persécuter par ses récriminations et gémissements. Elle tente de placer son interlocuteur dans une situation aussi accablante que la sienne, ou d'obtenir que celui-ci ne la soulage magiquement.

L'inconvénient majeur, c'est que la plainte sempiternelle empêche de trouver des solutions.

– Julien, à son beau-père: je te déçois parce que je ne suis pas ton vrai fils.

– Le beau-père: si j'étais ton vrai père, je ne te rendrais pas si malheureux.

Besoins psychologiques. Être reconnu en raison de ses problèmes; ne pas se sentir responsable de ce qui lui arrive; attendre; espérer; être mécontent de soi et de sa vie; voir le monde et les gens sous l'angle des difficultés et des calamités.

Satisfactions négatives. Se sentir incompris, déçu ou isolé; se lamenter, en se disculpant à ses yeux par sa propre affliction; constater que les gens sont méchants; se sentir abattu en se considérant comme un «réaliste»; se faire chasser pour excès de jérémiades, augmentant son chagrin qui s'auto-alimente en circuit fermé.

La souffrance appelle un prédateur ou un Sauveteur. Ainsi la Victime attire-t-elle un Sauveteur, ou quelqu'un qui prétend l'être. Elle peut maintenir longtemps des relations sadomasochistes avec un Persécuteur. La frustration et la souffrance attachent, surtout quand elles sont empreintes d'espoir.

Voilà quelques années, habitait au-dessus de chez moi un couple méditerranéen avec deux enfants. J'étais témoin auditif de leurs disputes. La femme était capable de geindre pendant quatre ou cinq heures d'affilée. Ce n'étaient pas des cris, mais une sorte de hululement étouffé, des sanglots, des gémissements interminables. Quand son mari commençait à s'énerver, elle pleurnichait plus fort. Ensuite, quand il était devenu enragé et s'apprêtait à la frapper, elle bondissait dans l'escalier en hurlant. Ainsi, les autres voisins sortaient et menaçaient d'appeler la police, et le mari confus essayait de se justifier. Finalement j'expliquai ce qui se passait en réalité, et le jeu cessa : la femme, ayant perdu la face, ne pouvait plus se parer des habits de la Victime.

▽

Profil du Sauveteur

Nous confondons souvent le rôle de Sauveteur avec de la générosité. Mais comme cette dernière n'est pas sollicitée, il en fait trop, et attend des résultats de son altruisme. Il se veut dans l'amour, mais est le plus souvent dans l'amour conditionnel : tout ira bien si on accepte sa solution. Si ce n'est pas le cas, il peut s'éloigner (Victime), se plaindre (Victime), ou faire des reproches (Persécuteur). Il a tendance à considérer l'autre comme une Victime, même si cette dernière ne le vit pas ainsi. Il agit donc en fonction des demandes et des souffrances supposées de l'autre, pour le soulager. « Grâce à moi, il résoudra ses problèmes et sera heureux ». Là encore, on place l'autre en situation de double contrainte, l'obligeant à être ce qu'il ne peut pas être.

– Julien, à son beau-père : j'aurais tellement voulu être ton fils !

– Le beau-père : et moi j'aurais tellement voulu être ton père !

C'est le rôle qui, dans un premier temps, récolte le plus de gratitude : « Merci, sans vous nous n'y serions jamais parvenus ». Mais parfois il entend cette phrase qui le révolte : « Je ne vous ai rien demandé, c'est vous qui avez insisté… »

Besoins psychologiques du Sauveteur. Intervenir dans la vie d'autrui ; être utile, rendre service ; se sentir obligé d'aider ; améliorer les choses ; vivre dans l'empathie ; être aimé inconditionnellement en échange de son amour conditionnel ; faire des promesses ; s'émouvoir par sentimentalisme ; parfois prendre la pose de l'altruiste, sans s'engager pour autant.

Satisfactions négatives. Se sentir inutile, détesté, rejeté, ou non aimé ; faire face à l'ingratitude ; être déçu ; peur de se sentir égoïste ; se faire chasser pour excès d'interventionnisme.

L'homme qui voulait faire la paix

Voilà longtemps, je participais à des réunions hebdomadaires de formation. Chacun devait exposer un projet. Celui de Luc fut de loin le plus applaudi. Il s'agissait d'emmener par car et avion des centaines d'enfants, pour les conduire sur une zone de guerre. Portant des drapeaux à l'effigie de la colombe, ils avanceraient en chantant vers le champ de bataille. Ainsi les belligérants n'oseraient pas tirer sur des êtres sans défense, et seraient obligés de négocier. Beaucoup trouvèrent ce projet merveilleux. Comment n'y avait-on pas songé plus tôt ? En plus, imaginer tous ces enfants vêtus de blanc résoudre les problèmes des adultes, était très émouvant. On le félicita chaudement pour son grand cœur. Lui au moins « il voulait faire quelque chose ».

La semaine suivante, il reprit l'idée de la marche des enfants pour la paix, dégoulinant de bonnes intentions. Mais cette fois, au lieu de provoquer de l'enthousiasme et de l'amour pour sa personne si bonne, un certain malaise s'empara de l'assistance.

Enfin, la dernière semaine, évoquant de nouveau sa grande idée, les participants oscillèrent entre dégoût et révolte. Luc n'avait évidemment pas fait le moindre pas pour tenter de concrétiser son projet, afin de ne pas affronter les difficultés de convaincre des parents de risquer la vie de leurs enfants, des assurances, des sponsors, des gouvernements, des diplomates et les médias…

Son masque de Sauveteur était tombé ; dès lors beaucoup le considérèrent comme un escroc (un Persécuteur).

▽

Usage de leurres

Bien entendu, comme les plantes et les animaux, nous utilisons des leurres. Dans notre culture de charité et de solidarité, la Victime est celle qui attire le plus de compassion. Le Sauveteur est le mieux vu de tous, c'est pourquoi certains Sauveteurs se contentent de l'être en paroles. En revanche le Persécuteur est celui que les autres redoutent le plus, aiment le moins, et tiennent le plus à l'écart. Les personnes peu affirmées, qui craignent de se faire écraser, préfèrent l'éviter. Il se dissimule donc souvent sous l'aspect du Sauveteur pour justifier sa tyrannie, ou sous l'aspect d'une Victime, pour légitimer sa colère. Mais, sous la plainte ou la prétention à rendre service, on décèle l'agressivité.

Exemples

Persécuteur déguisé en Victime : « Moi aussi, si j'étais né dans un autre milieu, j'aurais réussi… Si mon idiot de chef n'avait pas été jaloux, je ne serais pas chômeur… Ils ont tout pris, ne nous laissant que les miettes… Je me suis défoncé au travail, et tout ce que j'ai obtenu c'est une prime ridicule…

Je me suis sacrifié pour lui et il ne m'adresse plus la parole... J'y ai cru, à la famille, mais ma femme est partie après avoir bien profité de moi... Mon chéri, je ne demande qu'à être aimable, mais hier j'étais de bonne humeur et pourtant tu m'as fait la tête... »

Persécuteur déguisé en Sauveteur : « Pour leur bien, les gens devraient suivre ma religion... Si les gens n'avaient pas de telles mœurs, ils ne seraient pas maudits... Il faut que les pauvres prennent conscience de leur exploitation et se révoltent contre les riches... Franchement, si cet homme se remuait un peu, il retrouverait son énergie... Je l'élève à la dure, plus tard il m'en remerciera... »

Victime déguisée en Sauveteur : « J'essaie d'aider les gens, mais je m'y prends mal et ça se retourne contre moi... Moi j'ai des sentiments, j'aime l'humanité, et on en profite pour m'exploiter. »

Victime déguisée en Persécuteur : « Si on continue à me traiter ainsi, je finirais par m'en aller. »

Sauveteur déguisé en Victime : « Ca me fait de la peine de te voir dans un tel état... »

▽

Triangle dramatique et styles de personnalité

Nous naissons avec un style de personnalité[1], puis, sous l'effet des contraintes éducatives et de nos choix, nous développons différents aspects de la palette humaine. Vérifiez par vous-même, en observant vos histoires sentimentales, vos comportements relationnels et professionnels ; vous pouvez aussi examiner ce qui vous attire chez autrui, les personnes qui vous révulsent, ou que vous ne comprenez pas. Ce sera une indication de vos facettes les plus fréquemment actives. Nous ne présentons pas le même aspect en temps ordinaire et lorsque nous sommes perturbés.

Affectif. Guidé par les sentiments, a tendance à être fortement Sauveteur, et se vit comme une Victime pendant ses crises.

Créatif. Guidé par la peur de l'ennui et le désir de s'amuser, alterne entre Victime et Persécuteur.

Opinion. Guidé par ses opinions, il se présente souvent comme un Sauveteur, mais a tendance à être Persécuteur.

---

[1] Voir *Les styles de personnalité*, Bernard Raquin, Éditions Jouvence, 2004.

Défi. Réagissant aux opportunités, il se présente comme un Sauveteur, mais ne l'est le plus souvent que pour lui-même. Persécuteur en période de crise.

Organisateur. Il se considère comme un Sauveteur, les autres le considèrent plutôt comme un Persécuteur. En crise, il se croit Victime, mais est Persécuteur.

Méditatif. Tendance à être Victime, puis à fuir.

Synergique. Après mûrissement et développement de ses différentes facettes, on tend vers le Synergique. On est alors beaucoup plus souvent dans la compréhension d'autrui, et donc davantage dans le « lâcher-prise ».

Selon, d'une part le contexte le contexte familial, et d'autre part le style de personnalité de naissance, on optera pour tel ou tel rôle en premier (automatiquement). Un Opinion qui a été maltraité, incité à la violence ou à l'intégrisme politique ou religieux par sa famille, choisira souvent le rôle de Persécuteur. Faire pression ou crier semblera naturel, pour obtenir un résultat de ses comportements. Dans la même situation, un Affectif choisira plutôt le rôle de Victime. S'il a vécu dans une ambiance de maladie, d'alcoolisme, de dépendance affective, l'Affectif choisira plutôt le rôle de Sauveteur ; surtout si l'enfant doit soigner sa mère malade ou aller chercher son père au bistrot. Le Créatif deviendra sans doute Victime récalcitrante, et l'Opinion, Sauveteur-Persécuteur.

Dans une ambiance où le désir était interdit, où la joie était mal vue, le Méditatif peut choisir d'être Victime, l'Organisateur peut choisir d'être Sauveteur.

Globalement, une atmosphère fataliste et impuissante incite à être Victime. Une atmosphère tournée vers la souffrance incite à devenir Sauveteur. Une ambiance cruelle incite à devenir Persécuteur.

▽

Mise en place du rôle principal dans les relations

Nous n'avons pas le même comportement avec chacun, c'est un fait. Une personne peut se montrer soumise face à un puissant, méprisante face à un faible, enjôleuse face à quelqu'un dont elle espère quelque chose. Nous maintenons les relations épanouissantes ou satisfaisantes (amour ou respect*)*. Mais nous pouvons aussi maintenir celles qui sont dommageables, parce que nous ne savons comment en sortir, ou estimons n'avoir pas le choix *(V)*. En cas d'humiliation ou de frustration, nous serons tentés par l'espoir *(V cherchant S)*, la vengeance *(P)* ou la fuite *(V)*.

Dans le cadre familial, si on est Victime d'une sœur, d'un frère ou d'un parent Persécuteur, mieux vaut cesser d'attendre un comportement qui ne viendra pas, et défendre au mieux son territoire. Il appartient à chacun de mettre les limites qui lui conviennent, pour ne pas se laisser envahir. Les enfants apprennent très tôt ces rôles, expressions inauthentiques des émotions de base (amour, plaisir, souffrance, colère, peur, surprise, dégoût) appelées « rackets » dans l'Analyse Transactionnelle. « C'est une façon de s'octroyer des satisfactions par des sentiments de culpabilité, d'incapacité, de blessure, de peur et d'irritation. » (Berne)

Au début d'une relation, chacun teste les réactions de son partenaire, pour savoir jusqu'où il peut aller. C'est à ce moment-là que nous enseignons à l'autre, le plus souvent sans le savoir consciemment, la façon dont nous voulons ou acceptons d'être traités. Nous offrons à l'autre de la reconnaissance et des gratifications. Dans le même temps, nous envoyons des hameçons, des sondes, pour évaluer les comportements les plus à même de provoquer le résultat escompté, qu'il soit positif ou négatif.

– Marianne, à Stéphane qui s'en prend à elle : désolée, mais je n'accepte pas qu'on me parle sur ce ton. Si tu continues je m'en vais. *(Elle refuse d'être Victime d'un Persécuteur).*

– Olivier, à Julie qui s'en prend à lui : je comprends que tu sois fâchée. Je sais que tu as beaucoup de problèmes en ce moment, je devrais te ménager. Je serai gentil à l'avenir, je te le promets. *(Il accepte d'être Sauveteur).*

– Louise, à Éric qui s'en prend à elle : excuse-moi mon chéri, j'ai parlé trop vite, on me le répète tout le temps. *(Elle accepte d'être Victime).*

Gilles demanda Catherine en mariage alors qu'elle avait cinquante-cinq ans. Il était persuadé, à tort, qu'à son âge c'était inespéré *(Sauveteur).* Elle répondit qu'elle avait besoin d'un temps de réflexion *(Elle ne se considérait pas comme une Victime).* Il l'agressa alors verbalement, lui reprochant de faire la difficile et d'être prétentieuse.

Souvent **le charmeur**, Sauveteur qui croit d'emblée être appréciable par ses belles paroles, insulte la femme qui l'éconduit. Il s'agit, on le voit, d'un scénario qui se déroule en dehors de toute vérification de la réalité.

L'enfant tyran, glorifié à l'excès par ses parents, finit par leur imposer sa volonté. Il a appris à déclencher un rapport de force permanent, car ceux-ci lui ont enseigné qu'en hurlant, il pouvait les dominer. Il dissuade tout échange et toute autorité par des crises et des menaces, et finit par les traiter en valets. En général, la mère cède quand il fait une crise, et fait appel au père pour rétablir un peu d'ordre. C'est l'acceptation immodérée de ses demandes qui transforme l'enfant ou l'adulte en bourreau, et l'éduque à maltraiter autrui, à pratiquer l'arbitraire et le chantage. Et ce sont les limites raisonnables et adaptées qui le font grandir. Le macho est souvent un « fifils à sa maman » trop idolâtré ; on lui pardonnait ses caprices et sa maltraitance à l'égard de ses sœurs. Il aime se faire materner, pourvu que la femme se montre soumise en public. Pour un oui ou un non, il se sent « offensé », se drape de vertu indignée et bombarde son entourage de méchancetés. Il se gave alors de mots : « honneur, respect, honte, morale ».

Le Persécuteur. Nul n'est plus utile que celui ou celle qui aime partager ses connaissances. Il en va différemment du Persécuteur, qui se présente sous les traits de l'enseignant, mais en profite pour déprécier le savoir et l'expérience d'autrui. Dès qu'il sent son partenaire ferré, il le mitraille avec des réflexions désobligeantes, des sarcasmes, une ironie cinglante; bien sûr il n'accepte par la pareille. Si son partenaire les autorise, il s'enhardit à aller de plus en plus loin, avec des humiliations privées puis publiques, de plus en plus féroces. Cela peut mener jusqu'au harcèlement moral, aux insultes, et même à la violence physique.

Par exemple, certaines femmes n'ont jamais été frappées par un homme, d'autres l'ont été fréquemment. Le même homme a pu frapper certaines femmes, et non d'autres. Cela dépend du rapport de force qui s'établit dans les premiers temps de la relation. Si le Persécuteur sait qu'en cas de violence verbale ou physique, il subira de pénibles représailles, il préféra limiter les conflits. S'il sait qu'il peut exercer son pouvoir sans limite, il risque d'en abuser.

La femme acariâtre ou le mari susceptible, que le conflit fatigue moins que d'autres, pourront faire pression par la mauvaise humeur, la bouderie, le refus de relations sexuelles. «Je suis obligée de céder, se dira l'autre, sinon il fait tout une histoire... Je suis obligé d'accepter, sinon elle me le reprochera pendant des semaines...» S'il rencontre une relation affective ou un employé ne se laissant pas dominer, le Persécuteur peut conclure: «Je ne m'entends pas avec cette personne, car elle a un fichu caractère.»

La Victime objective. Nulle n'est plus respectable que la personne qui cherche une main secourable pour soulager sa peine. Il en va différemment de la Victime psychologique, qui utilise le malheur comme un stratagème comportemental, en dissimulant ses véritables buts. Dès qu'elle sent son partenaire dépendant de sa souffrance, elle peut entamer un long scénario de tentatives avortées, d'échecs et de plaintes.

Bruno rencontra Alice. Une heure après leur premier rapport sexuel, elle lui avoua qu'elle avait un cancer. Il « tomba amoureux » d'elle : sa propre mère était morte de cette maladie. Par la suite il s'avéra qu'Alice était hypocondriaque, s'inventant sans cesse de nouvelles maladies. Bruno lui en voulut de sa malhonnêteté, mais ne sentit pas le droit de rompre, car elle était trop malheureuse. Elle lui reprocha son absence d'empathie et sa cruauté...
Si elle rencontre un partenaire sentimental ou professionnel refusant de se laisser émouvoir et l'incitant à se secouer, la Victime peut conclure : « Je ne m'entends pas avec cette personne, car elle est égoïste et sans cœur. »

Le Sauveteur. Nul n'est plus noble qu'un humain portant secours à un frère en détresse. Il s'agit d'un sauveteur objectif. En revanche, quand il se sent obligé d'agir, sans avoir vérifié la réalité du besoin, il s'agit d'un Sauveteur psychologique. Dès qu'il sent son partenaire captivé par son aide généreuse, sa prodigalité de conseils et d'encouragements, le Sauveteur peut aller jusqu'à se sacrifier pour satisfaire à son devoir. Dans les cas les plus positifs, il devient, à l'occasion, un héros ou un saint.

S'il rencontre un partenaire non intéressé ou exaspéré par son dévouement, le Sauveteur s'en ira en concluant : « Si cette personne refuse mon aide, tant pis pour elle, d'autres l'apprécieront. »

Lorsque deux Persécuteurs s'associent, ils forment un couple dominateur et cherchent à persécuter le monde, chacun surveillant l'autre du coin de l'œil pour ne pas se laisser écraser.

Lorsque deux Victimes ou deux Sauveteurs s'associent, le couple cherche une cause extérieure pour exprimer leur besoin d'aide à recevoir ou à fournir.

▽

Le triangle dramatique en pensées

Ce système peut circuler en circuit fermé, mentalement, sans recherche de partenaire de jeu psychologique : jugements de valeurs du Persécuteur ; émotions apitoyées du Sauveteur ; réactivation des causes de sa souffrance aux yeux de la Victime.

Le Persécuteur peut râler quand il est seul. « Cela fait quinze minutes que j'attends le bus, ce service est mal organisé… La plupart des conducteurs sont seuls dans leur voiture, ça ne m'étonne pas qu'il y ait tant d'embouteillages… Cette chanteuse est nulle, elle doit sa réussite à autre chose que sa voix… Cette rue est de plus en plus sale, avec tous les impôts qu'on paie… Cela fait trois fois que j'appelle Jean-Claude, il ne m'a toujours pas rappelé, il se prend pour qui celui-là… »

La Victime peut se plaindre ou plaindre autrui quand elle est seule. Fréquemment, elle utilise le conditionnel, sans prendre les décisions qui lui semblent souhaitables. « Je devrais m'arrêter de manger ces saletés, ça abîme ma santé… C'est lamentable, comme cette femme parle à son fils… C'est triste de constater que les gens jettent leurs papiers par terre… Zut, j'ai encore cassé mon talon et j'ai raté le bus, il n'y a qu'à moi que ça arrive... C'est vraiment déprimant, de voir à la télévision ces pauvres gens victimes d'un tremblement de terre... Cela fait trois fois que j'appelle Jean-Claude, il ne m'a toujours pas rappelé, ça ne m'étonne pas, personne ne s'intéresse à moi, sauf pour me demander un service. »

Le Sauveteur peut remarquer les occasions dans lesquelles il pourrait aider quelqu'un, ou quand quelqu'un aide une autre personne : « Ce chauffeur de bus est sympa, il s'est arrêté exprès pour faire monter une passagère, à cause de la pluie... C'est agréable, de constater que les rues sont nettoyées chaque jour... Pauvre homme, il doit être bien malheureux pour être clochard ; si j'étais riche je construirais un abri où chacun pourrait dormir au chaud... Les gens devraient s'efforcer de s'entendre, ils seraient plus heureux... C'est rassurant sur notre solidarité humaine, de voir à la télévision ces associations humanitaires qui s'occupent des victimes des tremblements de terre... Cela fait trois fois que j'appelle Jean-Claude, il ne m'a toujours pas rappelé, il doit être très occupé, il travaille tellement... »

La différence, on le voit, est que la Victime, davantage tournée vers elle-même, se sent impuissante et compte sur les autres pour régler ses problèmes ou ceux de la société.

Le Sauveteur, tourné vers les autres, est dans l'action, ou parfois seulement l'intention d'action.

Le Persécuteur est aussi dans l'action, mais dans un rôle de redresseur de torts, de justicier, de donneur de leçons.

Commérages et jeu du triangle

Commérages, rumeurs, calomnies, sont une expression fréquente du Persécuteur. Nous pouvons aussi dire du mal d'une catégorie sociale ou d'un groupe, considéré comme privilégié, arriéré, rusé, méprisable ou enviable. On peut y ajouter la menace de Persécution, au moins virtuelle : « Ne t'inquiète pas, le prochain gouvernement mettra les fonctionnaires au pas… Il faudrait bloquer les honoraires des avocats… Qu'elles s'amusent, ces jeunes filles, leur vie ne sera pas rose… La jeunesse va beaucoup souffrir dans le futur. »

Victime déclenchant un Persécuteur

– J'ai perdu deux heures dans une administration, et pourtant il manquait encore un papier.

– Ces fonctionnaires sont décidément tous les mêmes.

– Tu as vu la note d'honoraires de l'avocat ?

– Tous des voleurs !

– Il devient difficile de recruter.

– La jeunesse actuelle est paresseuse.

Vous pouvez facilement trouver d'autres exemples de désir de vengeance dans la vie quotidienne: «On leur fera payer leur insolence... On devrait envoyer tous les riches en usine... Il faudra rééduquer la jeunesse... Attends un peu que je t'attrape... Il fait son fier aujourd'hui, mais attends un peu que la roue tourne...»

Victime et commérages

«On est insolent avec moi... Ces riches ne pensent pas à ceux qui souffrent... La jeunesse ne se soucie pas de ceux qui vivent des difficultés... Décidément ça ne changera jamais... Il fait son fier, mais il n'a aucun mérite à être fort...»

Victime déclenchant une Victime:

– J'ai perdu deux heures dans une administration, et pourtant il manquait encore un papier.

– Ces fonctionnaires ne nous respectent pas.

– Tu as vu la note d'honoraires de l'avocat?

– Tu parles, ils en profitent!

– Il devient difficile de recruter.

– Ne m'en parlez pas, c'est de pire en pire.

Sauveteur et commérages

«Les gens souffrent, c'est pourquoi ils sont insolents... Les riches ont les mêmes problèmes que les autres... La jeunesse manque d'espoir, il faudrait faire quelque chose... Si quelqu'un fait appel à moi, il me trouvera toujours disponible... Il est un peu prétentieux, mais il réussit tout formidablement... »

Victime déclenchant un Sauveteur

– J'ai perdu deux heures dans une administration, et pourtant il manquait encore un papier.

– Les fonctionnaires font de leur mieux, mais les règlements sont tatillons.

– Tu as vu la note d'honoraires de l'avocat ?

– Ils ont beaucoup de frais.

– Il devient difficile de recruter.

– Beaucoup de gens compétents sont pourtant sans emploi.

Lorsque nous sommes frustrés, il arrive que nous fassions le procès d'autrui, en son absence. En disant du mal de celui qui nous a causé du tort, nous espérons nous soulager, et obtenir une réparation symbolique en reprenant psychologiquement le dessus.

Exemple de conversation concernant une tierce personne

« Le patron m'a fait une remarque parce que j'avais dix minutes de retard *(je suis Victime d'un Persécuteur)* alors que vendredi dernier je suis resté une heure supplémentaire parce qu'il avait une urgence au dernier moment *(j'étais Sauveteur secourant une Victime)*.

– Oui, mais il te paie bien. *(Sauveteur secourant une Victime).*

– Je suis très compétent, il aurait du mal à me remplacer. D'ailleurs j'envisage de partir si ça continue. *(Sauveteur menaçant de devenir Persécuteur en démissionnant).* La prochaine fois qu'il aura besoin de moi je refuserai *(je serai son Persécuteur).* »

Ou encore : « Quand j'ai rencontré cette femme, elle sortait d'une douloureuse histoire d'amour, elle était au bord de la dépression. *(Sauveteur secourant une Victime).* Maintenant qu'elle va mieux, c'est à peine si elle me remercie. *(Le Sauveteur devient Victime).* Si elle continue je vais rompre toute relation. *(Menaces de devenir Persécuteur pour persécuter à son tour sa Persécutrice qui deviendra ainsi Victime.)*

Ce genre de scénario est aussi fréquent en groupe, l'un devenant Victime d'un Persécuteur, un troisième volant au secours de la Victime.

– Dominique, à Élodie : tes vêtements sont démodés...

– Corinne, à Dominique : moi je les trouve très bien...

– Dominique, à Corinne : elle va nous faire honte si on sort.

– Corinne, à Dominique : il n'y a pas que l'apparence dans la vie, il y a aussi la personnalité.

Dominique préfère éviter de rester Persécutrice et devient Sauveteuse :

– Au fond, tu as raison. Elle est si sympa !

Pendant cet échange, Élodie n'a pas dit un mot, se contentant de cacher son humiliation quand Dominique s'en est prise à elle, puis s'est sentie rassurée que Corinne prenne sa défense.

Sous la conduite d'un leader, les groupes peuvent adopter, comme les individus, l'un des rôles. Dans la cour de l'école maternelle, les enfants font une ronde, sauf deux fillettes, qui ont trouvé des boulons brillants et les font tourner dans leur main pour admirer les reflets de lumière. L'institutrice dit: «C'était très beau, les enfants faisant une ronde. Hélas deux petites filles n'ont pas voulu se joindre à nous.» *(P).* Les deux fillettes sont alors vexées *(V)* et en colère *(P).* L'une choisira de se conformer au désir du leader du groupe pour être aimée *(S),* l'autre maintiendra sa colère *(V-P).*

On trouve aussi des variantes atténuées de ce scénario dans notre gestuelle: froncement de sourcils, gros yeux, regard réprobateur du Persécuteur; empressement empathique du Sauveteur pour s'intéresser à tout être ayant l'air de souffrir; mimiques attristées de la Victime quand les gens lui semblent trop durs.

▽

Comment faire la différence

entre de vraies motivations et un simple jeu psychologique du triangle dramatique ?

Le critère, ce sont les faits occasionnels, et non leur interprétation systématique. Il est parfois nécessaire de vouloir rétablir l'ordre, de vouloir être aidé, ou de vouloir aider, sans pour autant dénigrer l'autre.

Par exemple, un policier donne une contravention pour excès de vitesse. Il peut être dans l'exercice de ses fonctions: «Vous rouliez à 160, vous saviez ce que vous encouriez», ou Persécuteur: «Les gens comme vous, on devrait les mettre en prison!»

Victime objective: «On m'a refusé ce poste parce que je n'avais pas les compétences.» Victime psychologique: «On m'a refusé ce poste à cause de ma couleur de peau.»

Sauveteur objectif: «Nous agissons chaque jour pour réduire la dette publique». Sauveteur psychologique: «Ne vous inquiétez pas, nous finirons par réduire la dette publique.»

Un exemple historique se trouve à la page suivante. Il s'agit d'une lettre de Vauban, le constructeur des forts portant son nom, à Monsieur de Louvois, en 1685.

Monſeigneur,

Il y a quelques queues d'ouvrages des années dernières qui ne sont point finies & qui ne finiront point, & tout cela par la confuſion que cauſent les fréquents rabais qui se font dans vos ouvrages. Car il eſt bien certain que toutes ces ruptures de marché, manquements de parole & renouvellements d'adjudications ne servent qu'à vous attirer comme entrepreneurs tous les miſérables qui ne savent où donner de la tête, les fripons & les ignorants, & à faire fuir tous ceux qui ont de quoi & qui sont capables de conduire une entrepriſe. Je dis plus qu'elles retardent & renchériſſent conſidérablement les ouvrages qui n'en sont que plus mauvais, car ces rabais & ces bons marchés tant recherchés sont imaginaires. D'autant qu'il eſt d'un entrepreneur qui se perd comme d'un homme qui se noie, qui se prend à tout ce qu'il peut ; or se prendre à tout ce qu'il peut en matière d'entrepreneur, c'eſt ne pas payer les marchands chez qui il prend les matériaux, mal payer les ouvriers qu'il emploie, friponner ceux qu'il peut, n'avoir que les plus mauvais parce qu'ils se donnent à meilleur marché que les autres, n'employer que les plus méchants matériaux, chicaner sur toutes ces choses, & toujours crier miséricorde contre celui-ci & celui-là. En voilà aſſez, Monſeigneur, pour vous faire voir l'imperfection de cette conduite : quittez-la donc, & au

> nom de Dieu rétabliſſez la bonne foi, donnez le prix des ouvrages & ne refuſez pas un honnête salaire à un entrepreneur qui s'acquittera de son devoir. Ce sera toujours le meilleur marché que vous puiſſiez trouver.

Apparemment il est Victime de Persécuteurs (entrepreneurs malhonnêtes) et appelle un Sauveteur. En réalité il parle d'un sujet qu'il connaît très bien, et évoque les inconvénients d'une situation concrète, sans se plaindre pour lui-même. Comme nous restons des êtres humains, nous pouvons aussi nous accorder de jouer, de temps à autre, les différents rôles pendant quelques instants. L'idéal est de ne pas prolonger au-delà de cinq minutes, puis de s'en amuser en les identifiant : « Mon Persécuteur avait besoin de sortir de sa tanière pour en vouloir à quelqu'un… Ma Victime éprouvait le besoin de se plaindre un peu… Mon Sauveteur était encore impatient de sauver le monde… »

▽

Changement instantané de rôle

À tout instant, nous pouvons entrer dans le triangle dramatique, en optant pour l'un des angles. Notre interlocuteur peut soit éviter de nous y suivre, soit entrer également dans le triangle, en choisissant aussi l'un des rôles. Ensuite, les deux peuvent rester dans leur angle, ou en changer à tout instant. Il s'agit alors d'un jeu de manipulation croisée[1]. On actionne les autres pour qu'ils exécutent leur programme préétabli.

« C'est parce que je t'aime que je te maltraite *(P)*... Si tu m'aimais vraiment, tu saurais que je suis fragile *(V)*... Mon amour réglera tous tes problèmes *(S)*... »

Mais ces trois positions, fondées sur le mensonge et l'auto-intoxication, entraînent confusion et amertume. Il nous arrive alors de tourner à toute vitesse à l'intérieur de ce triangle, jusqu'à l'explosion de larmes ou de colère.

---

[1] Voir *Ne plus se laisser manipuler*, Bernard Raquin, Éditions Jouvence, 2003.

Lors d'une discussion tendue, le Sauveteur peut choisir :

- ▷ de rester Persécuteur *(maintien de la colère)* : « Si tu n'étais pas si stupide, tu aurais compris depuis longtemps… Si seulement tu m'avais écouté… C'est vrai que je m'énerve parfois, mais aussi, il faut voir ton comportement… C'est de ta faute si ça t'est arrivé… »
- ▷ de devenir Victime *(souffrance transformée en plainte)* : « Les gens sont vraiment ingrats avec moi… Je t'ai tout sacrifié, et en échange je n'ai rien obtenu… Je t'ai sortie du ruisseau, et maintenant tu m'abandonnes… Après vingt ans de travail acharné, ma société m'a licencié comme un malpropre… Je me suis dévouée pour mes enfants, et c'est à peine s'ils me téléphonent une fois par mois… »
- ▷ ou prendre l'apparence du Sauveteur, sans l'être vraiment *(amour conditionnel, non acquis d'avance mais dépendant de la soumission ou de l'obéissance d'autrui).* « C'est pour ton bien que je te secoue… J'aurais tellement voulu que tu réussisses ton examen malgré nos disputes… Je t'ai fait souffrir parce que tu m'agaçais, mais je t'aime de tout mon cœur…

La Victime peut choisir :

- ▷ de rester Victime *(maintien de la plainte)* : « J'ai beau faire des efforts, je n'y arrive jamais… Si seulement je n'étais pas si empotée, étourdie, naïve… Si au moins quelqu'un m'aidait sincèrement… Le problème c'est que je n'ai aucune volonté… En théorie je sais tout, mais je n'arrive pas à m'y mettre… Je n'obtiens jamais rien facilement…»

▷ de devenir Persécuteur *(souffrance et plainte transformées en colère)*: «Pour toi c'est facile, tu as de la chance… Tu me cries dessus alors que tu sais que je suis sensible… Si seulement tu n'avais pas ton sale caractère, nous aurions pu être heureux… Toi tout te réussit, alors que je dois me battre durement pour un salaire de misère… Regarde ce que tu m'as fait faire!»

La Victime peut aussi jouer au Sauveteur, sur le mode conditionnel: «Je pourrais t'aider, si tu voulais vraiment… J'aurais vraiment voulu te rendre service, mais j'ai trop de problèmes en ce moment…»

Le Sauveteur peut choisir:

▷ de rester Sauveteur: «Tu es si belle quand tu es en colère.»

▷ de devenir Victime: «Eh bien, si tout ce que je récolte ce sont des reproches…»

▷ ou de devenir Persécuteur, au nom de l'aide qu'il a apportée: «Après tout ce que j'ai fait pour toi, je constate que tu n'as aucune intention de changer.»

▽

Comment nous incitons autrui à adopter l'un des trois rôles

Les reproches sont souvent interprétés comme une Persécution, qui place celui/celle qui les subit en position de Victime. Comme ce n'est pas un choix volontaire, notre interlocuteur peut se transformer instantanément en Persécuteur. Quand on nous donne un coup de poing, le premier réflexe est d'en rendre un.

*Reproches de Persécuteur, et choix de devenir Persécuteur (*colère*).*

– Tu as grossi.

– Et toi tes rides commencent à se voir.

– Je t'ai déjà répété mille fois de sortir la poubelle avant dix-neuf heures.

– Oh, ça va, arrête de râler, elle ne va pas s'envoler.

– As-tu pensé à chercher ma veste chez le teinturier ?

– Je ne suis pas ta femme de ménage.

– Ta mère est une vraie pipelette, impossible de placer un mot.

– Et toi ton père est parti quand tu avais douze ans.

– Fiche-moi la paix quand je fais la cuisine.

– Après tu me reprocheras de ne jamais t'aider.

– J'en ai assez, je t'ai dit cent fois de faire tes devoirs en rentrant !

– La mère de mon copain rentre à dix-sept heures et l'aide à les faire.

– Ma mère avait raison, tu n'es qu'un bon à rien.

– Elle était bien contente de me trouver, car personne ne voulait de toi.

– Tu ne t'es toujours pas occupé de l'inscription des enfants au cours de musique.

– On n'est jamais si bien servi que par soi-même.

– C'est toujours à moi qu'on demande de traiter les clients mécontents !

– Si ça ne vous convient pas, vous pouvez partir, la porte est ouverte.

*Reproches de Persécuteur, et choix de rester Victime (***plainte de la souffrance***)*

– Tu as grossi.

– Tu as raison, je n'arrive pas à retrouver la ligne.

– Je t'ai déjà répété mille fois de sortir la poubelle avant dix-neuf heures.

– Pourquoi ne me parle-t-on jamais gentiment ?

– As-tu pensé à chercher ma veste chez le teinturier ?

– Désolée, j'ai oublié, j'ai un petit pois dans la tête.

– Ta mère est une vraie pipelette, impossible de placer un mot.

– J'en ai souffert toute mon enfance.

– Fiche-moi la paix quand je fais la cuisine.

– Je me sens si inutile.

– J'en ai assez, je t'ai dit cent fois de faire tes devoirs en rentrant !

– Ce n'est pas de ma faute, je n'y comprends rien.

– Ma mère avait raison, tu n'es qu'un bon à rien.

– Toute ma vie j'ai entendu ça.

– Tu ne t'es toujours pas occupée de l'inscription des enfants au cours de musique.

– Je suis tellement fatiguée en ce moment.

– C'est toujours à moi qu'on demande de traiter les clients mécontents !

– Décidément, on ne peut compter sur personne.

Plaintes de Victime, et choix pour l'autre d'être Victime

– J'ai vraiment besoin de ma voiture, vous m'aviez promis qu'elle serait prête aujourd'hui.

– J'ai été débordé, je suis déjà bien gentil de vous la préparer pour demain.

– J'aurais vraiment aimé que tu me fasses plaisir.

– Tout le monde trouve naturel que je fasse plaisir, et personne ne se soucie de me faire plaisir.

– Si seulement tu arrêtais de me parler sur ce ton si vexant…

– On ne se refait pas.

– Vous avez fait trop de bruit hier soir, je n'ai pas pu dormir.

– C'est la première fois depuis dix ans qu'on me fête mon anniversaire.

– Tu ne me comprends pas, pourtant je fais des efforts pour m'adapter.

– Moi c'est pareil.

– C'est dommage que tu le prennes comme ça, j'espérais qu'on pourrait oublier le passé.

– Malheureusement, je n'y arrive pas, cela me hante.

– Cela fait longtemps que je suis client chez vous, et franchement j'espérais un autre service.

– Désolé, mais nous ne trouvons plus de personnel compétent.

Plaintes de Victime, et choix pour l'autre de devenir Persécuteur

– J'ai vraiment besoin de ma voiture, vous m'aviez promis qu'elle serait prête aujourd'hui.

– Je fais mon maximum, et ceux qui me harcèlent me font encore perdre du temps.

– J'aurais vraiment aimé que tu me fasses plaisir.

– Tu ne penses qu'à toi.

– Si seulement tu arrêtais de me parler sur ce ton si vexant...

– Je te parlerais mieux si je n'étais pas obligé de réclamer vingt fois.

– Vous avez fait trop de bruit hier soir, je n'ai pas pu dormir.

– Pour une fois, ayez un peu l'esprit ouvert.

– Tu ne me comprends pas, pourtant je fais des efforts pour m'adapter.

– Qu'est-ce que ce serait si tu ne faisais pas d'efforts !

– C'est dommage que tu le prennes comme ça, j'espérais qu'on pourrait oublier le passé.

– Pour toi, c'est facile, tu t'en tires à bon compte !

– Cela fait longtemps que je suis client chez vous, et franchement j'espérais un autre service.

– Nous en faisons déjà deux fois plus que les autres.

Exemples de Victime devenant aussitôt Persécuteur

– J'ai vraiment besoin de ma voiture, vous m'aviez promis qu'elle serait prête aujourd'hui. Vous, les garagistes, vous êtes tous les mêmes !

– J'aurais vraiment aimé que tu me fasses plaisir, mais même un petit geste tu n'en es pas capable avec moi.

– Si seulement tu arrêtais de me parler sur ce ton si vexant… Tu ne parles pas, tu aboies.

– Vous avez fait trop de bruit hier soir, je n'ai pas pu dormir. La prochaine fois, j'appelle la police.

– Tu ne me comprends pas, pourtant je fais des efforts pour m'adapter. De toute façon je perds mon temps à discuter avec toi.

– C'est dommage que tu le prennes comme ça, j'espérais qu'on pourrait oublier le passé. Mais non, il faut toujours que tu ressasses.

– Cela fait longtemps que je suis client chez vous, et franchement j'espérais un autre service. Vous n'êtes pas un bon commerçant.

Plaintes de Victime, et choix pour l'autre de devenir Sauveteur (amour conditionnel)

Il s'agit d'une communication croisée. La Victime émet une plainte qui ne s'adresse à personne en particulier, même s'il s'agit parfois d'une demande indirecte ; les Victimes « professionnelles », celles qui affectionnent ce rôle, sont souvent expertes dans ce type de demandes, espérant que leur plainte provoquera la réaction souhaitée. C'est l'un des types de communication les plus funestes : espérer que l'autre devine. Par exemple, au lieu de dire : « Je suis fatigué, veux-tu faire les courses pour moi aujourd'hui ? », on dit : « Je n'ai plus rien à manger, il faudrait que j'aille faire des courses, mais je suis si fatigué… » On espère ainsi que l'autre saisira la perche, et comme en général ce n'est pas le cas, sauf s'il est Sauveteur, on pourra lui en vouloir : « S'il était gentil, il aurait compris tout de suite. » Si on leur fait remarquer qu'elle n'a pas plus de problèmes que les autres, la Victime peut pleurer *(rester Victime)* ou se mettre en colère *(P)*. Le Sauveteur s'empresse de s'emparer de ce qu'il considère comme un appel à l'aide.

– Cela fait trois mois que ma femme et moi n'avons pas fait l'amour.

– Vous devriez consulter un sexologue.

– Je suis toujours dans le rouge à la banque.

– Je peux peut-être te dépanner. De combien as-tu besoin ?

– J'aimerais bien m'amuser de temps en temps !

– Veux-tu que je t'offre le théâtre ?

– Je ne m'entends plus avec ton frère.

– Veux-tu que je lui parle ?

– Nous ne pourrons jamais finir le travail à temps.

– Je m'en occupe, patron.

– Mon évier est bouché, je n'arrive pas à faire venir un plombier.

– Je vais t'arranger ça.

– Je n'ai trouvé personne pour garder mes enfants jeudi soir.

– Ca tombe bien, je suis libre ce soir-là.

▽

Exemple de jeu du triangle dramatique en couple

Nous pouvons changer de rôle plusieurs fois dans la même conversation. Ce sont les coups de théâtre qui déterminent l'intensité et le caractère fantasmatique du scénario. Berne en établit ainsi la formule :

Attrape-nigaud
(hameçon pour déclencher le jeu)
+
Point faible de l'autre
=
Réponse

Cette réponse débouche sur un coup de théâtre, suivi d'un moment de stupeur. L'issue en est un bénéfice final en général négatif (blessures et aigreur) pour les deux partenaires.

Vous pouvez vous amuser à repérer ce type de dialogues dans les pièces de théâtre et les films.

– Annie : veux-tu aller au cinéma avec moi ? *(Il s'agit d'une demande apparemment neutre et claire, sauf que Ludovic, en tenue de travail, a un pinceau à la main.)*

– Ludovic : non, je dois finir de repeindre les volets. *(Réponse claire pour Ludovic mais frustrante pour Annie.)*

– Annie, mécontente : tu as toujours quelque chose à finir ! *(Annie commence à prendre la position de Persécutrice « victimisant » Ludovic.)*

– Ludovic : mais je dois terminer pendant qu'il fait beau. *(Ludovic essaie d'éviter de persécuter Annie, en fournissant une explication qui lui semble rationnelle.)*

– Annie : tu pourrais faire ça la semaine prochaine. *(Tentative de négociation pour ne pas apparaître comme Persécutrice.)*

– Ludovic : tu sais bien que la semaine prochaine je dois repeindre la chambre des gosses. *(L'aspect Persécuteur de Ludovic s'impatiente et envoie une salve d'avertissement.)*

– Annie : oh, et puis je me demande bien pourquoi je m'acharne ! *(Annie triomphe et exprime qu'elle se vit comme une Victime).* Tu as toujours mieux à faire que de me faire plaisir ! *(Elle reproche à Ludovic d'être un Persécuteur.)*

– Ludovic : mais enfin, moi aussi j'aimerais aller au cinéma ! *(Ludovic exprime qu'il se sent Victime).* Tu crois que ça m'amuse de passer ma journée dans les odeurs de peinture ? *(Victime)* Toi tu es allée au cinéma la semaine dernière avec ton amie *(Il devient Persécuteur)*, et cela fait trois mois que je n'y suis pas allé ! *(Ludovic triomphe et exprime plus intensément son sentiment d'être Victime).*

– Annie : et voilà, pour un oui ou pour un non, tu te mets en colère ! *(Persécutrice.)* Pourtant tu prétendais que cela ne te dérangeait pas si je sortais sans toi. Avec toi on ne peut jamais discuter. *(Triomphe de Persécutrice)* Tu donnes quelque chose et ensuite tu m'en veux. *(Annie se considère Victime d'un Persécuteur).* J'ai bien besoin de me changer les idées de temps en temps ! *(Victime.)*

– Ludovic : discuter de quoi ? Je me défonce pour faire une jolie maison, et tout ce que je récolte ce sont des jérémiades ! *(Ludovic triomphe et se considère Victime d'une Persécutrice).*

– Annie : Tu pourrais au moins me faire plaisir de temps en temps ! *(Annie se présente comme une Victime).* Tu n'as jamais envie de rien, à part bosser quinze heures par jour ! *(Ludovic la persécute en travaillant beaucoup.)* De toute façon, travailler c'est la seule chose que tu aimes ! *(Annie considère que Ludovic n'est pas la Victime qu'il prétend être, puisqu'il y trouve son compte).* Il y a quand même autre chose à faire dans la vie. On pourrait sortir, s'amuser ensemble, comme au début de notre mariage, cela te ferait du bien. *(Annie se rend compte qu'elle va trop loin, et fait une tentative de conciliation en essayant de prendre le rôle de Sauveteuse).* Viens au cinéma avec moi, les volets attendront. C'est toi qui choisiras le film. *(Annie s'efforce encore de prendre le rôle de Sauveteuse, Ludovic étant Victime de son hyperactivité).*

– Ludovic : parce que tu crois que j'ai envie de m'amuser alors que tu passes ton temps à m'engueuler ? *(Ludovic refuse d'être Sauvé et préfère rester Victime. Il traite Annie de Persécutrice).*

– Annie : oh, et puis zut ! J'irai au cinéma toute seule ! Rien ne t'intéresse à part le travail. *(Puisqu'elle est Victime, elle estime avoir le droit de persécuter Ludovic, qui devient alors sa Victime).*

– Ludovic : c'est ça. Et quand tu reviendras les volets seront repeints comme par magie ! *(Ludovic persiste dans son rôle de Victime, prêt à devenir Persécuteur.)*

Annie s'éloigne, mécontente. Elle ressasse quelques minutes ses griefs, pendant que Ludovic, de mauvaise humeur, reprend son travail. Les deux ont triomphé en renforçant leur scénario négatif. Un peu plus tard, prise de remords, elle revient. Ludovic est, lui aussi, pris de remords. Ils se regardent, le doigt sur la gâchette, chacun attendant que l'autre fasse le premier pas. Cela pourra être une reprise des hostilités, qui, selon leur scénario de disputes, s'amplifiera ; on ressortira alors les vieux griefs, et le couple pourra rester fâché plusieurs heures ou plusieurs jours selon leur habitude. Ludovic pourra reprocher à Annie d'avoir dansé avec trop d'empressement dans les bras d'un autre homme lors d'une sortie, trois ans plus tôt. Annie pourra reprocher à Ludovic le fait que sa mère l'ait mal accueillie douze ans plus tôt quand elle lui a été présentée. On pourra aussi évoquer l'objet précieux malencontreusement cassé l'année dernière, une remarque désobligeante faite en public voilà six mois, des promesses non tenues, etc.

Le couple peut aussi opter pour une demande de paix, soit par amour et désir de ne pas blesser l'autre, soit par fatigue des disputes, soit parce qu'ils ont envie de faire l'amour et ne veulent pas gâcher le week-end qui arrive, soit parce que leurs cris attristent les enfants, etc.

Finalement cette fois c'est Ludovic qui, le premier, manifeste son désir d'armistice.

– Ludovic : bon… Excuse-moi, je me suis emporté. *(Ludovic reconnaît avoir été Persécuteur).*

– Annie : non, c'est moi qui m'excuse, j'ai été égoïste. *(Annie reconnaît avoir été Persécutrice).*

– Ludovic : tu es si gentille, tu es une mère et une épouse parfaite, notre vie de famille est une réussite grâce à toi, tu travailles beaucoup aussi. *(Il reconnaît qu'Annie est une Victime qui a besoin d'un Sauveteur).* Tu as raison, j'ai besoin de me distraire, merci d'y penser. *(Il reconnaît être une Victime ayant besoin d'être sauvé).* Je vais finir les volets, et on ira au cinéma samedi avec les enfants, d'accord ? *(Proposition de conciliation pour quitter le triangle dramatique).*

– Annie, rassurée, s'approche de Ludovic : oui mon chéri… Tu sais, j'apprécie ce que tu fais pour la maison et les enfants. Tu travailles trop, j'aime aussi prendre soin de toi… *(Elle reconnaît que Ludovic est une Victime qui a besoin d'être Sauvée).*

– Ludovic : tu es une femme formidable, je me réjouis de t'avoir épousée.

– Annie : je suis heureuse avec toi. Je t'aime.

– Ludovic : moi aussi je t'aime.

Ils se regardent avec tendresse, sachant que la nuit sera douce. Finalement ils quittent ensemble le triangle, pour rétablir une communication transparente et sans ambiguïté. Par l'acception, le respect, l'amour, les demandes claires, seules issues pour échapper à la prison du triangle dramatique.

▽

Exemple de jeu du triangle dramatique au travail

– Jean : en ce moment je suis débordé. *(Victime)*

– François : tu as besoin de vacances. *(Sauveteur)*

– Jean : je ne peux pas, j'ai trop de dossiers en instance. *(Victime)*

– François : alors inutile de te plaindre, au boulot ! *(Persécuteur)*

– Jean : je ne me plains pas, je constate. *(Victime)* Toi tu as en charge des dossiers plus faciles. *(Persécuteur)*

– François : ils te semblent faciles parce que je suis très compétent. *(Persécuteur)*

– Jean : c'est ça, dis carrément que je suis un nul. *(Victime menaçant de devenir Persécuteur.)*

– François : je n'ai pas dit ça… *(Tentative de conciliation.)*

– Jean : déjà que je n'ai pas apprécié ta réflexion à la dernière réunion… *(Victime passant en position de Persécuteur pour s'adresser à son Persécuteur.)*

– François : tu es très pointu dans ton domaine, j'en parlais encore l'autre jour avec le chef de service. *(François sait qu'il va déclencher des représailles s'il reste en Persécuteur. Il passe en position de Sauveteur pour les éviter).*

– Jean : d'accord, n'en parlons plus. *(Il accepte la reconnaissance de François en guise de gage de paix.)*

▽

Les comportements prisonniers du triangle dramatique

Jusqu'à présent, nous avons vu des pensées, des attitudes et des conversations où les protagonistes changent de rôle à l'intérieur du triangle.

Mais il y a plus grave : nos scénarios comportementaux. Ce sont les mécanismes des excès de toutes sortes, des abus de confiance, des trahisons, des crimes passionnels et des grands drames de l'humanité. Poussé à l'extrême, chacun des rôles peut entraîner le désir de fusion avec sa proie ou son prédateur, et faire basculer dans la psychose. Entraînés par des émotions sans cesse réactivées, les partenaires peuvent intensifier leurs réactions, jusqu'à entrer dans le délire, la perte de contact avec la réalité, l'obsession, l'agressivité, puis l'idée superstitieuse que l'autre est responsable de ses propres réactions. Vous trouverez de nombreux exemples similaires dans les relations familiales et amicales. L'idée de base est qu'une personne se présente, ou soit présentée, comme la Victime innocente des injustices de la vie. Elle doit se sentir impuissante, devant faire appel à une personne forte pour la tirer d'affaire.

La Victime appelle naturellement son Sauveteur, comme si elle se promenait avec un panneau indiquant: Victime espère un Sauveteur. Le Persécuteur et le Sauveteur cherchent une Victime, pour des raisons diamétralement opposées. Nous sommes psychologiquement imprégnés de scénarios culturels: l'idée que quelqu'un peut nous « sauver », et que nous pouvons nous-même « sauver » quelqu'un. Plus encore, nous baignons dans une culture de Victimes, estimant, à tort ou à raison, que la vie, les gens, la société, nous doivent réparation et abondance. Les Persécuteurs, ainsi parés de l'aura des vraies victimes, peuvent se disculper de mille manières.

Vous identifierez ce triangle dans la plupart des classiques de la littérature: *Le petit Poucet, Les Misérables, Roméo et Juliette, Don Quichotte, Autant en emporte le vent, Le Cid, Oliver Twist, Le Comte de Montecristo, Les trois Mousquetaires, Tarzan, Superman, Les Voyages d'Ulysse, les Mille et une nuits…;* dans les opéras: *La Tosca, La Traviata, Carmen…;* dans les pièces de théâtre, les films et les séries: *Le Canard à l'orange, La Guerre des étoiles, Le Bon la Brute et le Truand, le Dîner de cons, Titanic, Maigret, Dallas…*

Ou encore la *Belle au bois dormant*, passive, qui tombe amoureuse du premier homme qui traverse la forêt enchantée et parvient à l'embrasser. Ou, selon la même trame romanesque, *Cendrillon*, pauvre jeune fille *(Victime)* sauvée des mains de ses méchantes marâtres et demi-sœurs *(Persécutrices)* par un prince riche et gentil.

Le Petit Chaperon rouge va d'abord sauver sa grand-mère en lui apportant à manger à travers la dangereuse forêt *(Victime potentielle)*. Le loup persécute la grand-mère en la dévorant et s'apprête à faire de même avec la petite fille *(Victimes)*. Puis le chasseur sauve la grand-mère et le petit chaperon rouge. Cette dernière et le chasseur persécutent le loup en emplissant son estomac de pierres et en le jetant dans une rivière.

En lisant ces contes à leurs enfants, les parents les aident, ou parfois les incitent, à s'identifier à l'un des personnages. Aujourd'hui encore, des collections entières de romans et de films sont fondées sur ce principe: la Victime doit espérer que le Sauveteur la trouve, et le Sauveteur cherche celle qu'il doit sauver. Cela explique aussi que ce triangle dramatique se joue plus intensément dans les relations homme-femme. La femme, bien entendu, peut jouer aussi le rôle de Sauveteuse: elle sauve un pauvre homme Victime des griffes d'une méchante Persécutrice, qui peut être soit sa femme actuelle, soit son «ex», soit sa mère possessive. Ou d'un Persécuteur (patron, collègue, frère...)

Une passion amoureuse

Coriolan est tombé amoureux de Lucille, avant même de la rencontrer. Il se trouvait chez l'un de ses amis lorsqu'au détour d'une phrase, celui-ci évoqua cette jeune femme par ces mots: «Sa vie sentimentale est bien triste, la pauvrette.» Aussitôt Coriolan songea: «Si elle était avec moi, elle serait heureuse.» Il venait inconsciemment de passer en position de Sauveteur.

Par la suite il rencontra Lucille, Victime parfaite : elle avait été abandonnée par le père de sa fille qui avait disparu sans reconnaître l'enfant, et ne versait évidemment pas de pension. Lucille faisait face courageusement au destin. Coriolan remarqua bien sûr qu'elle était désordonnée, instable émotionnellement, tête de linotte. Mais elle avait un cœur large comme une maison pleine de rires d'enfants. D'autant qu'elle s'occupait très bien de sa fille ; avec elle il aimerait devenir père. Il imaginait un avenir rose avec une femme si douce. Lui-même, aux yeux de Lucille, était une Victime. Il venait d'être quitté du jour au lendemain par sa copine, et balançait entre la colère et le chagrin. Lucille se trouvait donc elle aussi en position de Sauveteuse. L'un et l'autre allaient panser mutuellement leurs plaies. Coriolan commença par payer les dettes de Lucille, et, l'amour aidant, parla de reconnaître la fillette. Cette marque d'engagement persuada Lucille que cet homme serait le bon. Peu après, ils s'installèrent ensemble. Ils vécurent une grande passion de plusieurs semaines, certains d'avoir trouvé le partenaire idéal.

Cependant les disputes sur le désordre, puis sur les dépenses inutiles, éclatèrent, d'abord taquines, puis légèrement hargneuses. « J'ai comblé ton découvert, et ça n'a servi à rien ! » Sans se l'avouer, Coriolan s'attendait à une reconnaissance éperdue. À ses yeux, même s'il voulait être généreux, il posait davantage à l'homme au grand cœur que ses émotions ne le lui permettaient. Et sous ses allures de Victime, Lucille restait trop indépendante à son goût. Elle cachait un fort tempérament de Persécutrice, qu'elle dissimulait aussitôt en Victime quand il le lui faisait remarquer : « Tu veux toujours avoir le dernier mot », disait-il. Elle se mettait alors à chouiner, ce qui le bouleversait et le culpabilisait. Elle ne voulait pas qu'il s'occupe de sa fille, tout en prétendant le contraire. Elle évoquait son passé tumultueux sans se gêner, ce qui rendait Coriolan de plus en plus jaloux, même si officiellement, en paroles, il avait accepté qu'elle ait connu plusieurs hommes. Il avait demandé qu'elle rompe avec ses anciens petits amis, mais elle n'avait pas exigé la même chose. Il aurait espéré qu'elle se montre plus innocente, même s'il se réjouissait qu'elle soit une experte au lit.

De son côté, Lucille le trouvait trop autoritaire. Il avait l'air si gentil, si prévenant, si différent des autres hommes, lorsqu'il était amoureux et voulait tout faire pour elle *(Prince charmant, en position de Sauveteur d'une Victime)*. Mais depuis qu'il vivait avec elle, il se montrait possessif et susceptible. Parfois de brefs orages de jalousie éclataient, parce qu'elle était naturellement charmante et souriante avec tous. Elle essayait de le satisfaire, n'y parvenait que rarement, et se sentait de plus en plus nulle. Le rangement excessif lui pesait. Devoir faire ses comptes l'éreintait. Mais ils se persuadaient que ce n'étaient que « des disputes d'amoureux, qui s'arrangeraient avec le temps. » Puis, Coriolan entra plus profondément dans son scénario négatif de Sauveteur devenant Victime. Il s'était fait avoir, à cause de son bon cœur. D'ailleurs ce n'était pas la première fois. Il se sentait frustré *(Victime)*, en colère

(Persécuteur). D'autant qu'en plus il s'était attaché à sa fille *(Sauveteur)*, ce qui le plaçait dans une situation de double contrainte : tiraillé par l'envie de quitter Lucille, mais désolé d'imposer cela à la petite fille qui l'appelait déjà papa. Cette dernière, Victime de son père démissionnaire donc Persécuteur, risquait de se retrouver de nouveau Victime.

Sans doute Lucille était-elle plus rouée qu'elle n'en avait l'air. Cela renforça sa croyance archaïque que les femmes étaient fourbes. Elle cherchait probablement un père pour sa fille, et l'avait attrapé par le sexe. D'ailleurs, avec tous les hommes qu'elle avait connus, elle était devenue experte en manipulation. Et puis, si aucun n'était resté, il devait y avoir de bonnes raisons. Chacun confiait ses difficultés relationnelles à un proche, sur le mode de la Victime, obtenant une consolation provisoire, mais renforçant en réalité leur scénario.

Pour comble de malchance, au début de leur relation, pendant la phase euphorique, ils avaient joué au jeu psychologique : « On se dit toute la vérité. » Elle lui avait confié avoir eu une assez longue relation homosexuelle, ce qui le perturbait dans leur intimité. Lui-même avait reconnu avoir eu deux maîtresses en même temps. Lucille sombra elle aussi plus intensément dans son scénario de Victime en passe de devenir Persécutrice. Elle renforça sa croyance que les hommes étaient infidèles, et commença à perdre confiance dans la pérennité de leur couple. Son père était très infidèle, et il lui était même arrivé de frapper sa mère. Cette dernière avait été Victime pendant trente ans avant de devenir Persécutrice en maltraitant verbalement son père, quand il fut affaibli par l'âge. Coriolan, sous son masque de générosité, était au fond comme son père. Elle devait se méfier et ne pas quitter des yeux la porte de sortie.

Le passé, ainsi réactivé sans cesse, resurgit aux couleurs des fantasmes de chacun. Lucille et Coriolan pouvaient prendre une confidence isolée pour en déduire des conclusions absolues. Des propos anodins, tenus pendant leur transe amoureuse, quand chacun jouait à avoir l'esprit plus large qu'il ne l'était, devinrent des pièces à conviction. Mentalement, ils menèrent une instruction à charge contre l'autre, ajoutant chaque jour de petites pièces au « dossier ». Puis, à cause de leurs vexations mutuelles transformées en pensées obsédantes, ce dossier commença à prendre vie, à devenir autonome et à s'épaissir. Sans le savoir, ils préparaient l'un pour l'autre une sanction, ou un « gros lot dramatique » : violence, rupture, meurtre.

En paroles, ils alternaient entre reproches *(Persécuteurs)* et déclarations d'amour, enthousiasme parce que les problèmes étaient enfin résolus *(Sauveteurs)*, et accablement en constatant qu'ils ne l'étaient pas *(Victimes)*. Coriolan commença à traiter les « ex » de Lucille de minables *(Persécuteur)*. Lui au moins avait su voir la femme merveilleuse qu'elle pourrait être, si seulement elle acceptait de tenir compte de ses conseils *(Sauveteur)*. Puis il l'assurait qu'il l'adorait. Elle passa ainsi sans cesse du statut de « princesse » à « salope », et inversement. Coriolan alternait entre celui de « prince » et de « tyran ». Un jour, Coriolan lui reprocha de préférer les femmes *(Il était Victime d'une Persécutrice)*, elle n'était avec lui que pour les conventions *(Persécuteur)*. Elle fut triste *(Victime)* et pour lui prouver le contraire se montra empressée au lit *(Sauveteuse)*.

Peu après, lors d'une dispute, il la traita de gouine. Puis, comme elle s'apprêtait à devenir Persécutrice, il se mit à pleurer en s'excusant *(Victime)*, car elle était une femme formidable *(Sauveteur)* et lui un pauvre type *(Victime)*. Elle le consola *(Sauveteuse)*. Lucille de son côté commençait à le traiter de psychorigide *(Persécutrice)*. Mais sous sa colère elle était certaine qu'il avait un bon fond *(Sauveteuse)*. Pourtant les griefs s'accumulèrent. Chacun, n'ayant pu obtenir une satisfaction positive de son partenaire, tentait au moins d'obtenir une satisfaction négative. Nous préférons une mauvaise relation que pas de relation du tout. Et si nos besoins psychologiques ne sont pas comblés dans l'harmonie, nous les exprimerons dans la colère et la frustration ; quitte à être rejetés, avec l'amer plaisir d'avoir eu raison de perdre.

Les disputes devinrent de plus en plus fortes, dégénérant parfois en bousculades physiques, jeu de bagarre symbolique pouvant basculer dans la violence. Heureusement, comme ils se désiraient, ils se réconciliaient sur l'oreiller, chacun appréhendant le moment où ce jeu d'excitation ne fonctionnerait plus. Ils « faisaient des efforts », « discutaient interminablement », « tentaient de trouver des solutions », « expliquaient mieux ce qu'ils avaient voulu dire » ;

sans réaliser qu'ils étaient l'un et l'autre victimes d'un scénario émotionnel ancré bien avant leur rencontre. Chacun de son côté l'avait déjà interprété plusieurs fois au cours de sa vie sentimentale. À chaque échec, ils se persuadaient qu'ils n'avaient pas croisé la bonne personne. Même si chacun reconnaissait avoir des torts, ceux de leur partenaire étaient beaucoup plus évidents. Mentalement, Coriolan exprima ainsi sa position de Sauveteur devenu Victime : « Après tout ce que j'ai fait pour elle… Quand je l'ai connue, ce n'était qu'une paumée… Je lui propose une vie normale, mais non, ça ne lui convient pas, elle préfère m'humilier chaque fois qu'elle le peut. Elle regrette sans doute sa vie d'aventures. » S'ensuivaient des insultes sur les femmes en général.

Mentalement, Lucille exprima ainsi sa position de Victime : « J'ai fait pour lui plus que pour n'importe quel homme, et il n'est jamais content. J'ai même accepté que ma fille l'appelle papa. Il ne vaut pas mieux que les autres. » S'ensuivaient des insultes sur les hommes en général. En réalité, ils restaient prisonniers du triangle dramatique, jouant les rôles de Sauveteur quand ils voulaient aider le partenaire à surmonter ses difficultés psychologiques, et devenant Victime quand celui-ci se montrait Persécuteur. Quand l'un était Victime et l'autre Persécuteur, l'équilibre était pesant, mais assez stable. Dès que l'un relevait la tête, l'autre se soumettait ou se fâchait. Ils pouvaient se culpabiliser à tour de rôle, s'excuser et se faire des promesses. Puis celui qui avait maltraité l'autre acceptait de se faire maltraiter.

Quand les deux étaient Persécuteurs, le conflit éclatait. Quand les deux étaient Victimes, la situation évoluait très vite vers une double position de Sauveteurs, qui les persuadaient que l'amour résoudrait toutes les difficultés. Voir l'autre attristé provoquait irrésistiblement le désir de le sauver. Cela entraîna une augmentation de la fréquence de leur position de Victime : tout comportement gagnant est reproduit automatiquement, puis devient routinier. En définitive, pour obtenir quelque chose de l'autre, il suffisait de se plaindre et de gémir.

Comme ils ne voulaient pas voir que le problème ne dépendait pas du partenaire, mais d'un ancrage émotionnel ancien, ils étaient condamnés à le reproduire en aveugle. Surtout qu'ils s'étaient choisis en grande partie pour de mauvaises raisons ; consciemment, parce que s'ils se plaisaient et avaient beaucoup de « points communs » ; inconsciemment, pour être certains de jouer leur rôle favori. D'où le nom de ce triangle psychologique : *dramatique.*

Malgré les « remises en questions », les « clarifications », et les déclarations de bonnes intentions, la situation devint étouffante. Finalement Coriolan, en position de Victime, renoua avec une ancienne maîtresse qui fut ravie de jouer la Sauveteuse pour le consoler de l'ingratitude de Lucille devenue Persécutrice. Et Lucille s'en alla, Victime Persécutée par Coriolan. Ce qu'on appelle une relation perdant/perdant : les deux sont perdants, aucun n'a rien gagné.

Sans le savoir, ils avaient eu de la chance : cela aurait pu plus mal tourner.

Le clochard et le maire

Il était une fois, dans la banlieue parisienne, un clochard qui, depuis plus de dix ans, dormait dehors, par tous les temps. Le maire de la ville, homme généreux s'il en fut, vint à l'apprendre. « Mon Dieu, songea-t-il, c'est inhumain. Nous devons faire quelque chose pour lui. » Et notre bon maire de se démener auprès des associations caritatives pour lui trouver un logement, et se porter caution pour le loyer. Ce qui fut fait, avec les difficultés qu'on imagine. Puis il se démena encore pour lui trouver un emploi, ce qui releva quasiment de l'exploit. Hélas, ce premier travail ne convint pas, le clochard n'y resta que quelques heures, car le patron lui parlait mal et c'était trop dur, on aurait dû savoir qu'il fallait le ménager. Avec courage, le maire passa de nombreux coups de fil, et obtint un autre emploi. Mais celui-ci ne convint pas non plus, car il fallait arriver trop tôt, on lui avait fait des remarques désobligeantes sur ses retards. Pas de chance, le troisième emploi ne fut pas meilleur, pour une autre excellente raison. Un peu impatient, le maire sentit monter en lui une juste colère. Avec tout ce qu'on avait fait pour lui, le clochard ne pouvait-il pas faire l'effort de travailler, pour retrouver sa dignité ? Il allait pouvoir être propre, avoir un toit et de quoi manger sans mendier… Mais quinze jours plus tard, le maire, dépité, apprit que le clochard avait préféré… retourner dans la rue. Et il y est sans doute encore au moment où vous lisez ces lignes.

Je vous laisse le soin de détecter qui interprète quel rôle, et à quel moment.

Si vous êtes tenté par le rôle du Sauveteur, souvenez-vous simplement : On n'aide pas les gens malgré eux, sous peine d'affronter leur colère ou de les faire fuir. « Aide-toi et le ciel t'aidera. » En clair : on doit aider les gens qui traversent une difficulté provisoire, ou ceux qui sont faibles face à la vie (enfants, personnes très âgées, malades). Mais certains, que cela nous plaise ou nous, préfèrent vivre des autres, s'ils en ont l'occasion. Pour être sauvé de la noyade, encore faut-il tendre la main.

Ce qu'aurait dû faire le maire : s'assurer que le clochard voulait retrouver une vie normale. Et vérifier qu'il ne tirait pas profit de sa situation de Victime, en lui laissant faire le premier pas. Par exemple : « Je peux vous aider, si vous le voulez vraiment. Voici l'adresse d'une association qui vous fournira des vêtements propres et de quoi vous doucher. Lundi à huit heures, vous vous présenterez à telle adresse pour y travailler. Dans quinze jours, si cela vous convient, je vous obtiendrai un petit logement. Êtes-vous d'accord ? »

L'homme providentiel

Enfin, on avait déniché la perle rare. Le patron de cette entreprise de pièces détachées venait de débaucher à la concurrence un cadre exceptionnel, à prix d'or. Les négociations secrètes avaient duré six mois.

À voir la mine réjouie du patron, on se doutait que ce cadre hors pair allait enfin pouvoir régler les graves difficultés de la société. Problèmes de structure, de vieillissement des produits, d'excès de frais généraux, d'inadaptation à la concurrence. Après une attente fébrile de deux mois, enfin ce cadre arriva, nimbé de l'aura de ses réussites prestigieuses. Un mois plus tard, il présenta son plan au comité directeur. Quelques licenciements, une réduction drastique des frais généraux, la vente d'une des trois usines de province, le triplement du budget de recherche, l'envoi d'une mission aux États-Unis, en Inde et en Chine pour trouver de nouveaux débouchés, un renforcement de l'équipe européenne. Les commerciaux verraient aussi leur fixe réduit de moitié, à charge pour eux de gagner davantage qu'avant, avec l'augmentation de leur prime au résultat. À terme, au lieu de rester sous-traitants menacés par la concurrence asiatique, l'entreprise créerait sa propre marque.

Il y eut bien sûr quelques grincements de dents. Mais enfin, on ne fait pas d'omelette sans casser des œufs. Si c'était le prix à payer pour sauver l'entreprise, tous étaient prêts à accepter les nouvelles règles, hormis les personnes licenciées, légitimement amères. Mais ce cadre tint à recevoir chacune d'entre elles, en l'assurant que ce n'était pas personnel ; la qualité de leur travail n'était pas en cause, mais, suite à la restructuration, leur poste était supprimé.

Sa cote de popularité et d'amour monta en flèche. Trois mois plus tard, le déficit était aggravé, mais c'était normal. Les critiques commencèrent à fuser, discrètes, car il fallait se montrer patient. Enfin, six mois plus tard, alors que les dettes de l'entreprise auprès des banques atteignaient un niveau alarmant, on apprit du jour et lendemain qu'il avait été licencié, lors d'une réunion houleuse. Avec une belle indemnité. Il n'avait pas suffisamment tenu compte de la culture de l'entreprise, des contraintes syndicales, de la réalité de la concurrence, etc. Mais tout le monde accepta ce fait. Entre-temps, on avait laissé filtré assez d'indices de mécontentement pour que les employés se sentent déçus et inquiets pour leur avenir. De Sauveteur, il était devenu bouc émissaire (Victime).

Dans l'année qui suivit, le patron persista dans cette nouvelle gestion, et l'entreprise renoua avec les bénéfices…

Réussir magiquement

Vous reconnaîtrez les rôles suivants, puisqu'ils sont déclarés ouvertement. Vous avez lu, à l'occasion, ces petites annonces : « Vous êtes victime du mauvais sort ? Je peux vous aider… Votre amour est parti ? Je pratique la technique secrète de retour d'affection… Vous n'arrivez pas à joindre les deux bouts ? Je vais vous aider à faire fortune… Vous ne trouvez pas le travail que vous méritez ? J'attire la chance sur vous par la puissance de mes pouvoirs… Mésentente conjugale et familiale, manque d'argent, chance au jeu : je peux résoudre tous vos problèmes par mon pentacle égyptien… »

Le premier travail du désenvoûteur est de vous persuader que vous êtes envoûté *(Victime)*, et ensuite seulement de vous annoncer qu'il est votre Sauveteur. Toutes les superstitions fonctionnent à l'intérieur du triangle : nous sommes Victimes, impuissants devant la vie Persécutrice, et tel talisman, rituel, magicien ou esprit peut nous sauver. Ce mécanisme est aussi très fréquent en politique (tyrannie actuelle, promesses de lendemains qui chantent, et groupe de Sauveteurs) et en religion (la vie est une vallée de larmes, culpabilisation des pécheurs, attente du messie). Un homme ou un groupe se présente comme Sauveteur au service de Victimes, réelles ou supposées, et se révèle vite Persécuteur. On veut améliorer la vie des gens malgré eux, les aider à lutter contre leur ennemi, sauver leur âme qui n'en demande pas tant. Comme on déclare agir pour le bien de l'humanité, on s'autorise vite toutes les exactions.

Plus la prétention à sauver autrui est grande, plus l'on va vers la Persécution. Vérifiez par vous-même dans les livres d'Histoire les conséquences des idéologies politiques et religieuses : le Persécuteur le plus barbare avance sous le masque magnanime du Sauveteur.

▽

Comment éviter d'entrer dans le triangle dramatique ?

Observez vos pensées pendant quelques semaines, et les dialogues autour de vous. Vous constaterez bientôt que vous repérez ce jeu psychologique fréquemment, et pourrez y renoncer. Votre responsabilité est d'exprimer clairement ce que vous souhaitez ou refusez. Celle de votre partenaire est d'accepter ou de refuser. En le laissant libre de son choix, vous vous libérez vous-même : vous n'êtes plus dépendant du résultat. Ensuite, comme dans toutes nos relations, c'est affaire de négociation entre partenaires, en vue du maintien de l'équilibre.

La plupart des réflexions désobligeantes et des situations vexantes sont classées dans un grand coffre, contenant tout ce que nous n'avons pas accepté. Elles sont attachées les unes aux autres, comme par une grande chaîne. La moindre agression peut ouvrir la boîte de Pandore, et faire surgir toute la série, surtout lors de discussions tendues. Chacun puise alors une arme dans son coffre, pour se défendre ou écraser l'adversaire. C'est pourquoi il faut se garder de tout mélanger, et *ne parler que du problème actuel, en restant au plus près des faits, sans s'en prendre à l'identité de son interlocuteur.* Par exemple :

– S'il te plaît, mets tes vêtements sales dans le panier de la salle de bain.

Et non: arrête de tout laisser traîner, comme ta famille qui vit dans le fouillis.

Il faut aussi *éviter les sous-entendus*, qui sont une « auberge espagnole » : on y trouve ce qu'on y apporte. L'interlocuteur risque en effet d'interpréter les allusions à sa façon, d'y ajouter ce qui lui passe par la tête, augmentant les malentendus, les demandes d'explications, les rectifications, terrains mouvants qui risquent de dégénérer en conflit. Par exemple:

– Comment avons-nous dépensé si vite ma prime de deux mille euros?

Et non: c'est bizarre, tout cet argent qui s'évapore, comme ma dernière prime.

Reconnaître ses torts. Si vous n'avez aucun tort, c'est que vous êtes mort. Vous pouvez avoir des opinions affirmées, mais inutile de les imposer si personne ne vous les demande. Parfois, si l'amour et l'estime sont présents, mieux vaut en reconnaître un peu plus que la réalité, l'autre vous en sera reconnaissant. Une seule exception: vous vous trouvez en milieu hostile. Reconnaître vos torts pourra être interprété comme un signe de faiblesse, et déclencher l'hallali.

Ne pas profiter de ses excuses pour persécuter. Par exemple:

– Excuse-moi, je t'ai parlé trop durement.

Et non: je t'ai parlé trop durement, mais si tu arrêtais de me houspiller…

Éviter les reproches. Ceux-ci provoquent mécaniquement en nous le sentiment d'être attaqué, et une réaction hostile. Cela vient de notre cerveau reptilien, qui, lorsque nous nous sentons menacés, à tort ou à raison, provoque l'agressivité. Vous pouvez apprendre à exprimer votre mécontentement sans vous en prendre à l'autre. Parlez à la première personne, et contentez-vous d'exprimer ce que vous ressentez, sans menacer ni vous plaindre. Par exemple :

– Je serai si contente quand tu auras installé l'étagère.

Et non : des promesses, toujours des promesses !

Ne pas psychologiser, mais rester sur la situation actuelle. Par exemple :

– On n'est pas obligés d'être toujours d'accord sur tout.

Et non : tu en veux inconsciemment aux hommes.

Ne pas théoriser, mais exprimer votre choix. Par exemple :

– J'aimerais vraiment que nos enfants apprennent le piano.

Et non : dans notre milieu, tous les enfants apprennent le piano.

Dire ce que vous souhaitez, plutôt que ce dont vous ne voulez pas. Par exemple :

– J'aime quand tu rentres de bonne humeur.

Et non : pourquoi fais-tu la tête en rentrant ?

Ne pas généraliser. Par exemple :

– As-tu des soucis en ce moment ?

Et non : vous les hommes, vous nous faites supporter vos soucis professionnels.

Ne pas fournir à l'autre des solutions toutes faites, mais lui *faire des suggestions* en lui laissant le temps de se les approprier. Par exemple :

– Que dirais-tu de venir t'entraîner à la conduite sur des petits chemins ?

Et non : tu devrais te remettre à conduire, j'en ai assez de faire le taxi.

Accuser réception de ce que dit l'autre, et en tenir compte, ou marquer son désaccord.

Par exemple :

– Tu m'avais promis qu'on irait en Californie !

On peut répondre :

– Tu appuies toujours là où ça fait mal. *(Persécuteur)*

– On n'a pas d'argent. *(Victime)*

– On ira un jour, je te le promets. *(Sauveteur)*

Ou :

– C'est vrai. On va faire aujourd'hui une tirelire dans une boîte à chaussures, et chaque fois que l'un de nous fera une petite économie, il mettra l'argent dedans. Qu'en penses-tu ?

Ou, si vous n'êtes plus d'accord :

– C'est vrai. Mais entre-temps nous avons fait trop de dépenses, et il nous faut renoncer à ce projet pour l'instant.

Ainsi, vous ne gardez pas l'autre prisonnier dans l'attente *(Victime)*, l'espoir *(désir d'être Sauvé)*, la frustration *(Victime)* puis la colère *(Persécuteur)*. Il peut ainsi digérer sa déception, sans avoir l'impression d'avoir été berné. Les promesses non tenues incitent au sabotage, et préparent une sanction.

Marquer son désaccord sans s'en prendre à l'autre. Par exemple:

– Je comprends ton point de vue, mais je ne suis pas d'accord.

Et non: arrête de radoter.

Faire des demandes et des réponses claires. Dans le cas d'Annie et Ludovic:

– Annie: veux-tu ranger tes pinceaux et aller au cinéma avec moi?

– Ludovic: non, je préfère finir de repeindre les volets pendant qu'il fait beau.

– Annie: je comprends. Que dirais-tu d'y aller samedi avec les enfants?

Cesser d'attendre que les autres ou la vie soient conformes à nos désirs.

Par exemple: Que puis-je faire concrètement?

Et non: si seulement j'avais de la chance!

Autres exemples pour éviter d'entrer dans le triangle:

– Tu as grossi.

(Aucune réponse, ou simplement): un peu. Est-ce vraiment gênant?

– Je t'ai déjà répété mille fois de sortir la poubelle avant dix-neuf heures.
– Excuse-moi, je m'en occupe tout de suite.

– As-tu pensé à chercher ma veste chez le teinturier ?
– Pardon, j'ai oublié.

– Ta mère est une vraie pipelette, impossible de placer un mot.
– Tu as raison.

– Fiche-moi la paix quand je fais la cuisine.
– Bon, bon, d'accord.

– J'en ai assez, je t'ai dit cent fois de faire tes devoirs en rentrant !
– Excuse-moi, j'y vais.

– Ma mère avait raison, tu n'es qu'un bon à rien.
– Tu dois être en colère pour me dire ça.

– Tu ne t'es toujours pas occupé de l'inscription des enfants au cours de musique.
– Zut, j'ai oublié. Je le fais demain.

– C'est toujours à moi qu'on demande de traiter les clients mécontents !
– Vous êtes le plus diplomate de tous.

– J'ai vraiment besoin de ma voiture, vous m'aviez promis qu'elle serait prête aujourd'hui.
– Pardonnez-moi, je m'en occupe en priorité.

– J'aurais vraiment aimé que tu me fasses plaisir.
– Désolé, j'aurai l'occasion de me rattraper.

– Si seulement tu arrêtais de me parler sur ce ton si vexant…
– Je vais y penser. Fais-moi gentiment remarquer quand mon ton est vexant.

– Vous avez fait trop de bruit hier soir, je n'ai pas pu dormir.
– Excusez-moi, c'est exceptionnel.

– Tu ne me comprends pas, pourtant je fais des efforts pour m'adapter.
– Dis-moi quand tu as l'impression que je ne te comprends pas.

– C'est dommage que tu le prennes comme ça, j'espérais qu'on pourrait oublier le passé.
– Peu à peu j'arriverai à oublier.

– Cela fait longtemps que je suis client chez vous, et franchement j'espérais un autre service.
– C'est un incident, nous ferons tout pour garder votre confiance à l'avenir.

– Cela fait trois mois que ma femme et moi n'avons pas fait l'amour.
– Parfois en couple il faut avoir le courage de discuter de sujets délicats.

– Je suis toujours dans le rouge à la banque.
– Oui, tu es dans le rouge.

– J'aimerais bien m'amuser de temps en temps !
– S'amuser fait du bien.

– Je ne m'entends plus avec ton frère.
– Vous pourriez en parler.

– Nous ne pourrons jamais finir le travail à temps.
– Que faudrait-il faire en priorité ?

– Mon évier est bouché, je n'arrive pas à faire venir un plombier.
– Ca ne m'étonne pas, ils sont toujours surchargés.

– Je n'ai trouvé personne pour garder mes enfants jeudi soir.
– Il te reste encore quatre jours.

▽

Conseils spécifiques pour quitter votre rôle favori

La plupart du temps, nos paroles sont sans effet sur le comportement d'autrui. En revanche, nos comportements comprennent le langage du comportement : en vous comportant différemment, vous incitez autrui à faire de même, sans avoir besoin de le demander.

Si vous êtes en position de Sauveteur

N'aidez que si l'autre formule clairement son besoin. Ainsi il ne pourra pas vous dire : « Je ne t'ai rien réclamé ! ». Ne réagissez plus aux allusions et aux demandes indirectes ; en acceptant que l'autre joue un des trois rôles, vous y êtes contraint aussi. Méfiez-vous notamment d'une personne qui échange un acte que vous faites réellement, contre une promesse d'un acte qu'elle fera un de ces jours. Certaines personnes sont expertes dans l'art d'obtenir une action réelle (vraie monnaie) en échange d'un service à rendre à l'occasion (fausse monnaie). Si un jour vous lui demandez la pareille, vous pourriez obtenir mille bonnes excuses… et beaucoup de contrariété. D'autant que les Victimes sont toujours promptes à en vouloir à ceux qui ne semblent pas passionnés par leur cause. Si vous vous sentez lésé, tôt ou tard votre colère explosera. Si l'on vous manipule par votre amabilité, si vous avez souvent l'impression de vous « faire avoir aux sentiments », il est probable que vous dissimuliez votre ressentiment. Notamment si, après avoir rendu service, vous vous en plaignez. « Les gens devraient comprendre qu'ils m'en demandent trop... Elle exagère quand même... Je suis vraiment une poire... Il ne se rend pas compte que je suis épuisée. »

Analysez votre gentillesse, pour déterminer si elle est « automatique », indépendante de votre volonté, ou si vous la choisissez. Ainsi que la manière dont on vous incite à rendre service, par :

– la *culpabilisation* : « Vraiment, je te croyais plus serviable. » (Persécuteur)

– la *flatterie* : « Tu es si aimable, une vraie perle. » (Sauveteur)

– le *sous-entendu* : « Sois gentil... » (Si tu ne le fais pas, tu n'es pas gentil — Persécuteur)

– l'*allusion* : « C'est bon de constater que certains ont encore du cœur. » (Victime)

– la *menace* : « Franchement, tu me déçois... » (Menace d'exclusion – Persécuteur)

– la *comparaison* : « Avec lui au moins je n'avais pas à réclamer un service si évident. » (Persécuteur)

– les *pleurnicheries* : « Tu sais bien que si j'avais le temps j'irais moi-même faire cette course. » (Victime)

– la *dévalorisation* : « Tu n'es vraiment pas serviable, tu es indifférent, tu as une pierre à la place du cœur. » (Victime)

Cessez de vous sentir missionné pour sauver le monde.

Si vous mettez une assiette de lait devant votre porte, vous finirez par attirer les chats. Si vous cessez d'en faire trop, celui ou celle qui abuse de vous finira par ne plus réclamer. Vous avez le droit, et même parfois le devoir, de dire non. Entraînez-vous à le faire pour de petites choses, auprès de gens qui vous aiment. Il est probable que, dans un premier temps, votre entourage augmentera la pression pour vous faire reprendre votre rôle habituel : intensification des plaintes, des menaces, des flatteries ou des promesses. Ensuite, ils s'habitueront, et vous constaterez que le ciel ne vous est pas tombé sur la tête. Vous serez plus libre, et quand vous rendez service, ce sera volontairement, sans rien attendre en retour.

Si vous êtes en position de Persécuteur

Renoncez à punir l'autre de ce qu'il dit ou est. Analysez si votre colère est automatique, un mode de réaction habituel. « Quelle bande d'imbéciles… » Vous constaterez sans doute qu'à peine un dixième de votre colère concerne la situation actuelle. Renoncez à juger les autres. Quoi que vous fassiez, ils ne se conduiront pas selon vos souhaits. Vous réduirez considérablement les tensions nuisibles à votre santé. Si l'on vous manipule en déclenchant votre colère, vous avez peut-être affaire à une Victime cherchant à se faire persécuter. Cessez de vous sentir missionné pour redresser le monde. Rien ne vous oblige à apprécier les valeurs d'autrui.

Si vous êtes en position de Victime

Ne vous plaignez pas des choses que vous ne pouvez changer. Ainsi vous conservez votre énergie pour agir sur celles qui vous concernent. Prenez la responsabilité de votre vie et de vos émotions[1]. La plainte attire, mais votre Sauveteur finira par exiger que vous passiez à l'action, et deviendra votre Persécuteur. Si l'on vous manipule en se plaignant plus fort que vous, il peut s'agir d'une incitation de Victime à vous transformer en Sauveteur. Cessez de vous sentir missionné pour porter la croix du monde. La vie ne doit rien à personne.

▽

---

[1] Voir *Choisir ses émotions*, Bernard Raquin, Éditions Jouvence, 2005.

Comment sortir du triangle dramatique

Même si l'humanité est empêtrée depuis longtemps dans ces mécanismes psychologiques, nous pouvons en sortir. Il vous arrive de ne pas entrer dans cette prison, et vous connaissez aussi des gens qui l'ont quittée. C'est accessible à chacun. Il existe plusieurs façons de le faire. Tous sont basés sur le fait de s'exprimer en respectant l'autre, même si au besoin on se montre ferme :

- ▷ *le lâcher-prise* : « Je dis ce que je crois sans dénigrer les croyances de l'autre, il en fera l'usage qui lui conviendra. »
- ▷ *l'acception de l'autre tel qu'il est* : « Quelle importance la façon il se comporte, la terre est vaste, je poursuis mon chemin. »
- ▷ *le respect* : « Je dis ce que je ressens, en évitant de blesser l'autre. »
- ▷ *l'indépendance par rapport au résultat de ses actions* : « Je ne suis pas le roi/la reine, pour qu'autrui se conforme à mes désirs. »
- ▷ *l'abandon de la volonté d'obtenir quelque chose par la manipulation* : « Si je menace *(P)*, si je me plains

(V), ou si je promets *(S)*, on me fera peut-être plaisir, mais l'autre finira par m'en vouloir. »

- ▷ *l'abandon du rapport de force :*
(Persécuteur) : « Je vais prouver à ces nuls... » Cela provoque chez autrui une position de Victime (« Tu as raison, on n'y arrive pas ») ou de Persécuteur (« Nul toi-même »).
(Victime) : « Je suis malheureux à cause de toi... » La réaction provoquée pourra être Victime (« Tu sais bien que je fais mon maximum »), Persécuteur (« Tu oublies tout ce que j'ai fait pour toi »), ou Sauveteur (« Excuse-moi, je vais désormais tout faire pour te combler »). (Sauveteur) : « Moi seul peux faire quelque chose pour toi... » La réaction sera Victime (« Fais le à ma place ») ou Persécuteur (« Je ne t'ai rien demandé »).
- ▷ *l'abandon de l'amour conditionnel* : « Si tu m'aimais vraiment, tu aurais fait telle ou telle chose... »
- ▷ dans le meilleur des cas, cela peut déboucher sur *l'amour inconditionnel* : « Je fais ceci pour être conforme à mes valeurs, à ma spiritualité, avec pour seul plaisir celui de faire plaisir. »

En refusant d'entrer dans un rôle, vous aidez l'autre à en sortir. Quelques exemples :

– Tu n'es qu'un bon à rien...
– pas de réponse ou : je m'améliore lentement.

– Tu ne m'écoutes jamais !

– pas de réponse ou : tu dois avoir des raisons d'être en colère.

– J'en ai assez, je n'arrive à rien.

– J'ai parfois la même impression me concernant. Ça passe…

– C'est de ma faute si je multiplie les difficultés.

– Que faudrait-il faire d'après toi ?

– Je peux faire quelque chose pour toi ?

– Pour l'instant, je vais me débrouiller seul, on verra plus tard.

On le voit, ne plus être prisonnier du filet que l'autre nous jette, ni du résultat, c'est ne plus être prisonnier du triangle.

▽

Du triangle dramatique à la Porte d'harmonie

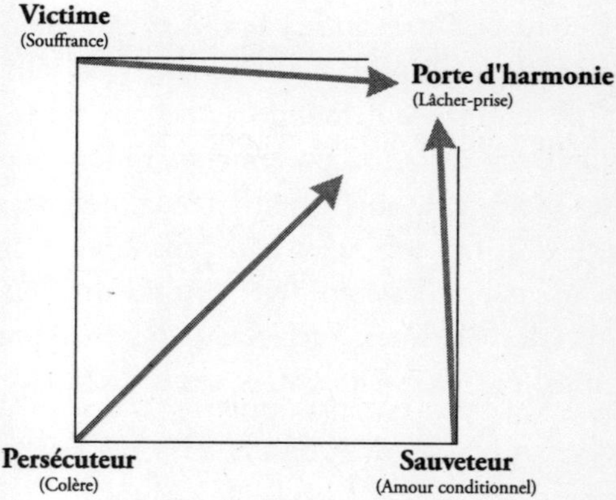

Victime quittant le triangle par le lâcher-prise

«Au lieu de me plaindre, je vais étudier les décisions à prendre, en commençant par le plus petit pas me menant vers mon objectif. Je me concentre uniquement sur le processus, et le résultat me sera donné par surcroît. Je teste d'autres comportements que la plainte pour obtenir de la reconnaissance. Je suis attentif à partager aussi des discussions et des moments agréables. Je remarque les bonnes choses qui m'arrivent, et je m'en souviens. Je prends la responsabilité de ma vie, pour éviter d'attirer un Sauveteur qui risque de devenir mon Persécuteur. »

Persécuteur quittant le triangle par le lâcher-prise

« Au lieu de punir les autres, je vais m'entraîner à les accepter tels qu'ils sont, sans chercher à les réformer s'ils n'en font pas la demande. Je ne suis pas le professeur de vie et de comportements, ni le procureur de mes proches. Je suis attentif à leur montrer mon respect. S'ils ont tort, c'est leur problème et non le mien. Je cesse de les considérer comme des Persécuteurs ou des Victimes. J'accepte de perdre de temps en temps, et je laisse les autres sauver la face. »

Sauveteur quittant le triangle par le lâcher-prise

« Je vais continuer à me dévouer, mais uniquement si j'y trouve mon compte, sans chercher à aider les autres s'ils n'en font pas la demande. Je renonce à les sauver malgré eux. Si je constate que l'autre ne fait jamais un pas dans la direction qu'il prétend souhaiter, si je me sens exploité à fonds perdus, j'apprendrai à donner moins pour donner mieux. Je suis attentif à mes propres besoins. Je ne suis pas responsable du bien-être de l'humanité, mais seulement de mes proches, dans un amour réciproque. »

Conclusion

Voici les jeux psychologiques évoqués au début du livre, que vous pouvez désormais identifier et compléter par votre propre expérience.

À qui perd gagne. (*Victime ayant lésé son Sauveteur ou son Persécuteur*)

Attrape-moi si tu peux. (*Victime défiant son Sauveteur potentiel*)

Je te supplie de me pardonner. (*V face à son S ou à son P*)

Si tu continues je pleure. (*V face à P*)

Si tu continues je crie. (*P face à P*)

Un miracle va se produire. (*V attendant S*)

Je suis le meilleur. (*P*)

Tu m'en demandes tellement qu'on dirait que tu souhaites ma mort. (*P*)

Moi je suis gentil et toi méchant. (*V-P*)

Moi je suis méchant et toi gentil. (*V-S*)

Les autres sont méchants avec moi. (*V*)

Je vais t'apprendre à vivre. (*P*)

C'est moi qui fais tout le travail. (P)

Séduis-moi, mais si tu t'approches je protesterai. (*Jeu appelé en Analyse Transactionnelle : « Au viol ! » – Persécuteur déguisé en Victime pour attraper un Sauveteur*).

Pauvre de moi ! (*V*)

À cause de toi ma vie est gâchée. (*P déguisé en V*)

Si seulement je pouvais. (*V*)

Si seulement les autres acceptaient. (*P déguisé en S*)

Puisque c'est comme ça, débrouille-toi. (*P*)

Je ne me sens bien qu'en faisant du bien. (*S*)

Je mérite une punition. (*V*)

Aide-moi à résoudre mes problèmes. (*V*)

J'essaie simplement de t'aider. (*S*)

Laisse-moi faire. (*S*)

Les gens devraient… (*V ou P selon le contexte*)

Regarde ce que tu m'as fait faire. (*P déguisé en V*)

Sans toi les choses iraient mieux. (*P*)

Ce que j'ai est mieux que ce que tu as. (*P*)

Battez-vous entre vous. (*P*)

Je te tiens enfin ! (*P*)

Tu n'as qu'à deviner ce que je ressens ou ce que je veux te dire. (*P*)

Oui, mais… (*V*)

Je vous laisse détecter les suivants :

Les autres sont des pigeons.

Je n'obtiens jamais ce que je veux vraiment.

Mes problèmes sont plus grands que les vôtres.

Quelle bande de poules mouillées !

Tu es tout pour moi, demande-moi ce que tu veux.

J'aimerais tellement te rendre heureux.

Qu'est-ce que je suis bête !

Il n'a pas inventé l'eau tiède.

Qui aime aime au premier regard.

Tant qu'on reste dans l'idée que les autres nous doivent quelque chose, ou qu'on leur doit quelque chose, on reste enfermé dans le triangle. Moins on attend, plus on est libre. Moins on se sent contraint, plus on peut agir sans émotions parasites.

Relativiser ce qu'on nous dit, défendre son territoire sans dévaloriser l'autre, développer la congruence et l'authenticité des sentiments, être vrai à ses propres yeux sans cacher une volonté de pouvoir sous de nobles intentions, se concentrer sur les faits objectifs, c'est quitter le triangle dramatique. Ainsi s'ouvre la porte de l'harmonie et du bien-être, pour des relations et des comportements épanouissants…

▽

Bibliographie

Éric Berne, *Que dites-vous après avoir dit bonjour ?* Paris, Tchou, 1999

Éric Berne, *Des jeux et des hommes*, Paris, Stock, 1996.

Stephen Karpman, *Contes de fée et analyse dramatique du scénario, Fairy tales and script drama analysis*, Selected Articles of the T.A.B. T.A-Press, San Francisco, 1976.

Bernard Raquin, *L'Analyse Transactionnelle au quotidien*, Éditions Jouvence, 2004.

Bernard Raquin, *Ne plus se laisser manipuler*, Éditions Jouvence, 2003.

Bernard Raquin, *Maîtrisez vos scénarios de croyances*, Éditions Jouvence, 2004.

Bernard Raquin, *Se réconcilier avec soi et les autres*, Éditions Jouvence, 2007.

Bernard Raquin, *Les styles de personnalité*, Éditions Jouvence, 2004.

Claude Steiner, *Des scénarios et des hommes*, Paris, Desclée de Brouwer.

Vincent Lenhart, P. Nicolas, A. Cardon, *L'Analyse Transactionnelle*, Paris, Éditions d'Organisation, 2003.

Du même auteur

Du même auteur aux Éditions Jouvence

Se réconcilier avec soi et les autres, Genève, 2007.
Choisir ses émotions, Genève, 2005.
L'Analyse Transactionnelle au quotidien, Genève, 2004.
La PNL au quotidien, Genève, 2004.
Les styles de personnalité, Genève, 2004.
Maîtrisez vos scénarios de croyances, Genève, 2004.
Ne plus se laisser manipuler, Genève, 2003.
Pratique de l'auto-hypnose, Genève, 2002.

Chez d'autres éditeurs

Les grandes manipulations des temps modernes, Paris, Trajectoire, 2005.
L'humour chaque jour, Paris, Éditions Véga, 2005.
Le rire chaque jour, Paris, Éditions Véga, 2005
Un Juif nommé Mahomet, Paris, Éditions Bernard Raquin, 2005.
Rendez-vous avec l'intuition, Paris, Trédaniel, 2004.
Comment sortir de son corps, Paris, Trajectoire, 2004.
Développez votre humour ! St-Jean de Braye, Dangles, 2003.

Rire pour vivre, les bienfaits du rire, St-Jean de Braye, Dangles, 2003.

Le jeu des vies antérieures, avec Mark Kucharz, Paris, Exergue, 2003.

Messages de l'après-vie, témoignage, Agnières, Éditions JMG, 2000.

Retrouvez vous-même vos vies antérieures, Paris, Trajectoire, 1998.

Vous pouvez sortir de votre corps, Paris, Presses du Châtelet, 1996.

L'homme de feu, roman, avec J.-G. Imbar, Paris, Carrère 1987, épuisé.

La vie est ici, roman, Paris, Éditions Mots d'Homme, 1986, épuisé.

Chouans, novélisation, Paris, Calmann-Lévy, Paris, 1986.

Anti-suicide, essai, avec V. Péchin, Paris, La Table Ronde, 1984.

Jésus de Manhattan, roman, Paris, La Table Ronde, 1979, épuisé.

Continent Chagrin, roman, E. Libres Hallier, Paris, 1978, épuisé.

Actualités de Bernard Raquin

www.bernard-raquin.com

Achevé d'imprimer sur rotative
par l'imprimerie Darantiere à Dijon-Quetigny
en juin 2008

Dépôt légal : septembre 2007
N° d'impression : 28-0867

Imprimé en France

Dans le cadre de sa politique de développement durable, l'imprimerie Darantiere a été référencée IMPRIM'VERT® par son organisme consulaire de tutelle. Cette marque garantit que l'imprimeur respecte un cycle complet de récupération et de traçabilité de l'ensemble de ses déchets.